NOVÁ KUCHAŘKA PRO SPORTOVCE

100 LAHODNÝCH RECEPTŮ, KTERÉ VÁM POMOHOU BUDOVAT SVALY

Iveta Široká

Všechna práva vyhrazena.

Zřeknutí se odpovědnosti

Informace obsažené v této eKnize mají sloužit jako ucelená sbírka strategií, o kterých autor této eBooku provedl výzkum. Shrnutí, strategie, tipy a triky autor pouze doporučuje a přečtení této e-knihy nezaručí, že výsledky budou přesně odrážet výsledky autora. Autor e-knihy vynaložil veškeré přiměřené úsilí, aby čtenářům e-knihy poskytl aktuální a přesné informace. Autor a jeho spolupracovníci nenesou odpovědnost za jakékoli neúmyslné chyby nebo opomenutí, které mohou být nalezeny. Materiál v eKnize může obsahovat informace od třetích stran. Materiály třetích stran zahrnují názory vyjádřené jejich vlastníky. Autor e-knihy jako takový nepřebírá odpovědnost ani odpovědnost za jakýkoli materiál nebo názory třetích stran.

Elektronická kniha je chráněna autorským právem © 2022 se všemi právy vyhrazenými. Je nezákonné redistribuovat, kopírovat nebo vytvářet odvozené práce z této e-knihy jako celku nebo zčásti. Žádná část této zprávy nesmí být reprodukována nebo znovu přenášena v jakékoli reprodukované nebo znovu přenášené formě v jakékoli formě bez písemného vyjádřeného a podepsaného souhlasu autora.

OBSAH

OBSAH..3

ÚVOD...7

1. Proteinové masové kuličky...9
2. Krůtí, jablko a šalvějové masové kuličky...11
3. Asijské masové kuličky s jablečnou polevou Hoisin........................14
4. Pečený žalud squash s kuřecím masem...18
5. Superfood Overnight Oats..22
6. Pikantní Kuře s Kuskusem..24
7. Rychlé kuře Harissa a Tabbouleh...27
8. Kešu kuře na jednom tácu..30
9. Plechové lasagne..33
10. Kuře Harissa a marocký kuskus...36
11. Buffalo kuřecí těstovinový salát..40
12. Kuře, sladké brambory a zelenina..43
13. Asijské arašídové máslo sezamové kuře.....................................46
14. Grilované kuře a rýže...49
15. Nízkokalorické burgery s limetkou a chilli....................................52
16. Malajské kuřecí satay..54
17. Kuřecí Tikka Masala..58
18. Příprava kuře z kokosu a rýže v jednom hrnci.............................61
19. BBQ Pulled Chicken Mac N Cheese..65
20. Kuřecí kari s arašídovým máslem..69
21. Zapečené těstoviny Fajita..72
22. Smetanové kuře s citronem a tymiánem......................................75
23. Kuře a chorizo paella...78
24. Easy Protein Bowl Meal Prep..81
25. Pečený steak z tuňáka a sladké brambory..................................85
26. Rychlý pikantní cajunský losos a česneková zelenina................89
27. Těstovinový salát s tuňákem...92
28. Poke Bowl s lososem...95

29. Kedgeree s vysokým obsahem bílkovin..98
30. Kořeněné jehněčí s feta bulgurem...101
31. Libové, krémové klobásové těstoviny...104
32. Sladké brambory a chorizo hash..107
33. Teriyaki Beef Zoodles...110
34. Pečený kuskus Feta..113
35. One-pot Lentil Dahl...116
36. Sladká papriková veganská mísa a čokoládové proteinové kuličky....................120
37. Ultimátní 15minutové veganské Fajitas...124
38. Křupavé tofu a nudle Teriyaki...127
39. Veganská lentilka Bolognese...131
40. Snídaně burritos na celý týden..134
41. Sklenice Burrito..138
42. Špičkové plněné papriky s vysokým obsahem bílkovin 4 způsoby......................141
43. Italské kuřecí masové kuličky se špagetami..143
44. Středomořské krůtí masové kuličky s Tzatziki......................................147
45. Veggie a hovězí masové kuličky Marinara...151
46. Medové grilované kuřecí masové kuličky..155
47. Krůtí karbanátky ze sladkých brambor..158
48. Snadný mexický cizrnový salát...160
49. Tofu a špenátové Cannelloni...163
50. Kokosová kari čočková polévka...166
51. Indické kari Quinoa...169
52. Grilovaná zelenina na bílé fazolové kaši..172
53. Seitan pečený v troubě..175
54. Cizrnové tofu...178
55. Dušené tofu...181
56. Pikantní tempeh z arašídového másla...184
57. Salát s uzeným tuňákem z cizrny...187
58. Thajský quinoa salát..190
59. Turecký fazolový salát..193
60. Misky na zeleninu a quinou..196
61. Mandlové máslo tofu restujeme...199
62. Quinoa miska buddha z cizrny..202
63. Seitan parmazán...205
64. Placičky z červené čočky..208

65. Rukolové pesto a cuketa..211
66. Vegetariánský kastrol..214
67. Pečená růžičková kapusta..217
68. Avokádový cizrnový sendvič..219
69. Quinoa na pánvi..221
70. Lepkavé tofu s nudlemi...224
71. Veganské BBQ teriyaki tofu..227
72. Klíčky se zelenými fazolkami..230
73. Krustované tofu s ředkvičkou...232
74. Čočkové lasagne...235
75. Čočkové karbanátky...238
76. Vepřové medailonky v oříškové krustě.......................................241
77. Vepřové kotlety s chutí..244
78. Vepřové maso se špagetovou dýní...247
79. Pikantní quinoa falafel..250
80. Galette z máslové tykve..253
81. Quinoa s kari pastou...256
82. Pečená slanina z uzené mrkve..259
83. Losos na špagetové dýni..261
84. Pošírovaný losos na pórku...264
85. Grilovaný mečoun se salsou..266
86. Steaky z tuňáka s majonézou...268
87. Zmačkaná zimní squash...270
88. Napíchané mušle prosciutto..272
89. Seitan a černé fazole..275
90. Obaly na kari tofu...278
91. Thajský salát s tempehem..281
92. Puffed quinoa bar...283
93. Chocolate kusové sušenky..286
94. Spekelný edamame dip..289
95. Mkešu kelímky atcha..291
96. Cčokoládové plátky hůrky..293
97. Ssladké zelené sušenky...295
98. Banana tyčinky...297
99. Proteinové koblihy...300
100. Hjedno-sezamové tofu...303

ZÁVĚR..306

ÚVOD

Nikdo nevěnuje tolik pozornosti tomu, co jí, jako kulturista. Kalorie musí být správné a makra musí být vyvážená a nesmíme zapomenout ani na mikro.

Pak jsou tu různé dietní filozofie, které bojují o pól pozice – přerušovaný půst, cyklování sacharidů, ketogenní a flexibilní diety, abychom jmenovali alespoň některé. No, bez ohledu na vaše preference, tyto kulturistické recepty vám pomohou.

Najdete zde od všeho trochu, aby byla příprava vašeho jídla úspěšná, od vysoce kalorických a vysokosacharidových až po nízkosacharidové a nízkosacharidové, rychlé a snadné pro větší zapojení (a obohacující!). Jo a je tu také spousta bílkovin, samozřejmě!

Kulturistika je křehká rovnováha mezi budováním svalů a spalováním tuků. Ke zvýšení svalové hmoty potřebujete adekvátní kalorie, ale také potřebujete kalorický deficit, abyste spalovali uložený tuk. Zní to nemožně, ale není. Tajemství? Základní matematika. Nebo, jak se tomu říká ve světě fitness: rovnice energetické rovnováhy. Jednoduše řečeno, čím více svalové hmoty máte a čím jste aktivnější, tím více musíte jíst. Je to proto, že čím více čisté svalové hmoty máte, tím více energie (díky, jídlo!) je potřeba k tomu, aby se sval rozhýbal. Cokoli od základních funkcí, jako je dýchání, trávení a tlukot vašeho srdce, po chůzi a nošení prádla po schodech nebo cílevědomější cvičení, jako je běhání nebo tlačení vážných závaží v posilovně – vaše tělo potřebuje energii, a pokud děláte všechny tyto úkoly s větším množstvím svalové hmoty potřebujete více paliva.

Než půjdete běhat do lednice, podívejme se na druhý konec spektra. Když sníme více kalorií, než naše tělo spotřebuje, všechny tyto kalorie navíc se uloží jako tuk. To je důvod, proč mnoho lidí, kteří se chtějí zesílit, ve skutečnosti nikdy nezhublo a nezhublo. Mohou skutečně zesílit, ale zhubnout znamená snížit nadbytečné kalorie. Existují ještě další faktory, které je třeba zvážit, jako je špatná kvalita potravin, nedostatek načasování živin a nesprávný poměr makroživin. Všechny kalorie si samozřejmě nejsou rovny. Chceme svému tělu dodat ty nejlepší stavební kameny ve správný čas, abychom posílili naše cvičení, zlepšili náš výkon, narostli více svalů a zbavili se přebytečného tělesného tuku.

1. Proteinové masové kuličky

Porce: 12

Ingredience:

- 0,8 – 1 lb libového mletého hovězího masa (95 % libového masa/5 % tuku)
- 1 malá žlutá cibule, nastrouhaná
- ¼ šálku čerstvé petrželky, mleté
- 1 vejce
- ⅓ šálku suché strouhanky
- 1 lžička soli a ½ lžičky pepře

Pokyny:

a) Předehřejte troubu na 425 stupňů.

b) Olemovaný plech vyložte pečicím papírem.

c) Smíchejte všechny ingredience do mísy. Pomocí rukou jemně kombinujte ingredience, dokud se dobře nespojí.

d) Z masa vytvarujte kuličky o průměru 1 palec jemným válením mezi rukama. Umístěte na plech, ponechte mezi každým alespoň 1 palec.

e) Pečte 12 minut. Vyjměte z trouby a podávejte nebo přidejte do marinády.

2. Krůtí, jablko a šalvějové masové kuličky

Počet porcí: 20

Ingredience:

- 1½-2 libry mletého krůtího masa
- 1 velké jablko, nastrouhané (asi 1 šálek, balené; pokud chcete, oloupejte, ale já ne)
- ½ šálku jemně nakrájené sladké cibule
- 2 velká vejce, rozšlehaná
- 2 lžíce kokosové mouky
- 2 lehce zabalené polévkové lžíce nasekaných čerstvých lístků šalvěje
- ½ lžičky muškátového oříšku
- Velkorysá špetka soli
- ½ lžičky mletého černého pepře

Pokyny:

a) Ve velké míse promíchejte krůtí maso, jablko, cibuli, vejce a kokosovou mouku, dokud se nespojí. Poté vmíchejte šalvěj, muškátový oříšek, sůl a pepř, dokud se chutě rovnoměrně nerozloží.

b) Naberte 3 polévkové lžíce kuliček a válejte mezi dlaněmi, abyste je vyhladili.

c) Předehřejte troubu na 350 a předehřejte pár lžic oleje na pánvi vhodné do trouby. Masové kuličky opékejte, alespoň jeden centimetr od sebe, dokud nebude spodek tmavě hnědý a křupavý (asi 3-5 minut) a poté otočte a udělejte to samé na druhé straně.

d) Přesuňte pánev do předehřáté trouby a pečte 9–12 minut, dokud nebude propečená (uprostřed nezůstane růžová). Moje byly perfektní za 10 minut.

e) Vařené nebo tepelně neupravené karbanátky skladujte ve vzduchotěsné nádobě v lednici až 3 dny nebo v mrazáku až 3 měsíce.

3. Asijské masové kuličky s jablečnou polevou Hoisin

Počet porcí: 24

Ingredience:

Na masové kuličky

- ½ lb cremini žampionů, nahrubo nakrájených (odstraněné stopky)
- 1 šálek cereálií All-Bran Original
- 1 lb extra libové mleté krůty
- 1 vejce
- 1 stroužek česneku, jemně nasekaný
- ½ lžičky opečeného sezamového oleje
- 1 lžička sojové omáčky se sníženým obsahem sodíku
- 2 lžíce koriandru, jemně nasekaného
- 2 lžíce zelené cibule, jemně nakrájené
- ¼ lžičky soli
- ¼ lžičky pepře

Na omáčku a na ozdobu

- ¼ šálku hoisin omáčky

- ¼ šálku rýžového vinného octa
- 1 šálek neslazené jablečné omáčky
- 2 lžíce jablečného másla
- 1 lžíce sójové omáčky se sníženým obsahem sodíku
- 1 lžička sezamového oleje

Volitelné ozdoby

- Arašídy, drcené
- Zelená cibule, nakrájená na tenké plátky
- sezamová semínka

Pokyny:

Na masové kuličky:

a) Předehřejte troubu na 400 F a vyložte velký plech pečicím papírem nebo silpatem.

b) Pomocí kuchyňského robotu houby rozpulzujte, dokud nedosáhnou konzistence připomínající mleté maso. Přendejte do misky.

c) Přidejte All-Bran do kuchyňského robotu a zpracujte, dokud nezíská prášek. Přidejte do misky.

d) Smíchejte krůtí maso, vejce, česnek, opečený sezamový olej, sójovou omáčku, koriandr, zelenou cibulku, sůl a pepř. Vyválíme 24 kuliček a položíme na plech.

e) Pečte 15–18 minut, nebo dozlatova zvenčí a plně propečeného uvnitř.

Na omáčku a ozdobu:

f) Ve velké pánvi smíchejte hoisin omáčku, ocet, jablečnou omáčku, jablečné máslo, sójovou omáčku a sezamový olej a vařte na středně mírném ohni, dokud se úplně nespojí a nezhoustne.

Sestavení:

g) Jakmile jsou masové kuličky uvařené, přidejte je do pánve s omáčkou a míchejte, dokud nejsou dobře obalené.

h) Podle potřeby ozdobte drcenými arašídy, sezamovými semínky a nakrájenou zelenou cibulkou.

4. Pečený žalud squash s kuřecím masem

Podává: 4

Ingredience:

- 2 žalud tykve
- 1 lžíce olivového oleje
- Mořská sůl a čerstvě mletý pepř
- 3 stroužky česneku, nasekané
- 3 jarní cibulky, nahrubo nasekané
- 1 šálek listů koriandru (odstraněné stonky)
- 1 lb extra libové mleté kuře
- 2 lžičky mletého kmínu
- ¼ šálku panko
- ¼ až ½ šálku Vylíhněte zelené chile, nakrájené
- 2 lžíce piniových oříšků
- ¼ šálku sýra Cotija – rozdrobený (volitelně)
- 1 avokádo zbavené slupky a pecky
- 2 lžíce bílého jogurtu
- 1 lžíce majonézy olivového oleje

- V případě potřeby podmáslí zředit
- Další koriandr na ozdobu

Pokyny:

a) Předehřejte troubu na 400 stupňů (375 stupňů v horkovzdušné troubě). Opatrně nakrájejte oba konce dýně. Zbývající kus nakrájejte na kolečka od 1½ do 3 palců – to mohou být 2 nebo 3 kusy. Dáme na plech, potřeme olivovým olejem a dochutíme solí a pepřem. Během přípravy náplně dejte na 15 až 20 minut doprostřed předehřáté trouby.

b) Do mísy kuchyňského robota přidejte česnek, jarní cibulku a koriandr. Několikrát pulsujte, dokud nejsou jemně nasekané, ale ne na kaši.

c) Přidejte směs koriandru do velké mísy s mletým kuřecím masem. Přidejte kmín a panko. Dobře promíchejte. Ruce fungují nejlépe! Vmíchejte zelené chile, piniové oříšky a cotija, pokud používáte. Nepřemixujte, ale snažte se zapracovat do celé kuřecí směsi. Vytvarujte 4-5 kuliček v závislosti na počtu plátků žaludu a vašich preferencích.

d) Vyjměte squash z trouby. Do středu každého plátku položte masovou kuličku. Vraťte do trouby na dalších asi 25 minut. Čas závisí na velikosti vašich masových kuliček. Pokud do masové koule zapíchnete vidličku, měla by být poměrně tuhá a dýně docela křehká.

e) Zatímco se masové kuličky a squash vaří, smíchejte avokádo, jogurt, majonézu, sůl a pepř v mixéru nebo kuchyňském robotu. Zpracujte do hladka. Zkontrolujte koření. Přidejte podmáslí do požadované konzistence. Líbí se mi to trochu volnější než majonéza – husté, ne tekuté!

f) Až budete připraveni k podávání, položte na každou porci kopeček avokádového krému a ozdobte koriandrem. Užívat si!

5. Superfood Overnight Oats

Podává: 1

Ingredience

- 75 g bezmléčného jogurtu
- 50 g instantních ovesných vloček
- 125 ml mandlového mléka
- 1 polévková lžíce mandlového másla
- 1 lžička skořice
- Špetka soli

Pokyny

a) Smíchejte všechny ingredience v nádobě nebo misce a dobře promíchejte.

b) Zakryjte a dejte do lednice alespoň na 4 hodiny nebo přes noc, pak si vychutnejte svůj lahodně kyprý a krémový noční oves!

6. Pikantní Kuře S Kuskusem

porce 4

Ingredience

- 1 polévková lžíce kari pasty
- 1 polévková lžíce mangového chutney
- 1/2 lžičky kurkumy
- 1 porce soli (podle chuti)
- 50 ml olivového oleje
- 4 kuřecí prsa
- 300 g kuskusu
- 350 ml zeleninového vývaru
- Volitelné doplňky:
- Semínka granátového jablka
- Koriandr

Pokyny

a) Chcete-li připravit marinádu na kuře, přidejte do mísy kari pastu, chutney, kurkumu, sůl a olivový olej a dobře promíchejte.

b) Před přidáním do marinády rozřízněte každé kuřecí prso na polovinu. Dobře promíchejte, dokud není celé kuře zakryté.

c) Kuře nechte stranou alespoň 20 minut — ideálně přes noc v lednici.

d) Rozpalte grilovací pánev na střední teplotu a položte na ní kousky kuřete. Kuřecí kousky grilujte 5–6 minut z každé strany, nebo dokud nezezlátnou a lehce zuhelnatí.

e) Mezitím dejte kuskus do velké mísy a opatrně zalijte vroucím zeleninovým vývarem. Mísu přikryjte pokličkou a nechte kuskus asi 5 minut nasáknout.

f) Načechrejte kuskus vidličkou a přidejte jakékoli doplňky, které chcete. Semínka granátového jablka jsou skvělá pro barvu a chuť.

g) Kuskus rozdělte do 4 nádob, než ho naplníte dvěma kousky marinovaného kuřete. Pokrm dokončete posypem koriandru.

7. Rychlé kuře Harissa a Tabbouleh

Vyrábí: 4 jídla

Ingredience

- 50 g harissa pasty
- 1 lžička extra panenského olivového oleje
- 1 špetka pečetní soli
- 3 x kuřecí prsa (vyzkoušejte kůži pro extra chuť)
- 180 g bulharské pšenice nebo kuskusu (sušina)
- 40 g petrželky (nať a listy)
- 20 g lístků máty
- 6-8 x jarní cibulka
- 1/2 okurky
- 4x rajčata
- 6 polévkových lžic řeckého jogurtu
- 1/2 citronu (šťáva a kůra)
- 1 stroužek česneku (mletý)
- 1 špetka mořské soli
- 1 hrst semínek granátového jablka (volitelně)

Pokyny

a) Na kuře: Předehřejte troubu na 190 °C. V malé misce smíchejte harissa pastu, olivový olej a špetku soli.

b) Ostrým nožem naříznětě vršky kuřecích prsou a poté směsí harissa potřete kuřecí prsa a do rýh.

c) Během čekání připravte tabbouleh. Bulharskou pšenici nebo kuskus uvařte podle návodu na zadní straně obalu. Po uvaření sceďte, nalijte do velké mísy a vidličkou oddělte zrna. Nechte vychladnout.

d) Petrželku, lístky máty, jarní cibulku, okurku a nasekáme nadrobno

e) Na dresink: Jednoduše smíchejte v misce řecký jogurt, citronovou šťávu a kůru, mletý česnek a mořskou sůl.

f) Jakmile jsou všechny komponenty připraveny, rozdělte je mezi tři nádoby Tupperware. Nechte vychladnout, poté ochlaďte a skladujte až 3 dny.

8. Kešu kuře na jednom tácu

Vyrábí: 4 jídla

Ingredience

- 3 polévkové lžíce kešu másla
- 2 polévkové lžíce sójové omáčky
- 2 polévkové lžíce javorového nebo agávového sirupu
- 2 stroužky česneku
- 1 lžička čínského pěti koření
- 4 kuřecí prsa (nakrájená na kostičky)
- 1 hlavička brokolice (nakrájená na růžičky)
- 40 g kešu ořechů
- 2 červené chilli papričky (nakrájené na kostičky)
- Hrst čerstvého koriandru
- 300 g rýže basmati (vařená)

Pokyny

a) Troubu předehřejte na 200 °C nebo na 180 °C s ventilátorem. Ve velké míse prošlehejte kešu máslo, sójovou omáčku, javorový sirup, česnek a pět koření.

b) Přidejte na kostičky nakrájené kuřecí maso a růžičky brokolice do mísy a dobře obalte.

c) Obsah mísy nalijte do hlubokého pekáče a pečte 20 minut.

d) Mezitím si opečte kešu oříšky. Rozpalte pánev na vysokou teplotu, přidejte kešu oříšky a nehýbejte s nimi, dokud nezačnou hnědnout a trochu poskakovat. Promícháme a necháme na druhé straně zhnědnout.

e) Jakmile jsou kešu kuře a brokolice upečené, promíchejte kešu oříšky a chilli, rozdělte a vložte do krabiček Tupperware s uvařenou rýží basmati. Každý posypeme trochou nasekaného koriandru a dáme vychladit. Snadný!

9. Plechové lasagne

Vyrábí: 4 porce

Ingredience

- 1 lžička kokosového oleje
- 1 bílá cibule, hrubě nakrájená
- 2 stroužky česneku, nakrájené nadrobno
- 1 polévková lžíce sušeného oregana
- 350 g krůtího mletého masa
- 600 g nakrájených rajčat nebo rajčatové passaty
- 300 g plátků lasagní
- 1 cuketa
- 1 lžička mořské soli a černého pepře
- 400 g tvarohu
- 3 bílky
- 100 g nízkotučného sýra (strouhaného)

Pokyny

a) Nejprve si připravte krůtí ragu. Přidejte kokosový olej do pánve na střední až vysoké teplotě. Přidejte cibuli a restujte 3-4 minuty, poté přidejte česnek a restujte další 2 minuty (pokud používáte verzi v prášku, přidejte je po dalším kroku).

b) Poté přidejte mleté krůtí maso a trochu ho nalámejte stěrkou, poté nechte 3–4 minuty za občasného míchání zhnědnout. Vmíchejte oregano, ½ lžičky soli a pepře a rajčata a na mírném ohni vařte 10 minut.

c) Během čekání ušlehejte v misce vidličkou tvaroh a bílky se zbylou solí a pepřem. Dát stranou. Troubu předehřejte na 200 °C nebo na 180 °C s ventilátorem.

d) Nyní si připravte pláty cukety a lasagne. Cuketu podélně rozkrojte pomocí škrabky na zeleninu, abyste získali dlouhé plátky. Plátky lasagní omyjte pod studenou vodou v cedníku.

e) Jakmile je krůtí ragu hotové, je čas připravit lasagne. Začněte s vrstvou plátků cukety pro snadné odstranění po uvaření. Poté střídejte ragu, sýrovou omáčku, pláty lasagne a cuketu. Dokončete vrstvou lasagní, poté sýrovou omáčkou a posypte nízkotučným sýrem.

f) Pečte 15 minut s alobalem, poté alobal sejměte, zvyšte teplotu o 20 °C a pečte dalších 20 minut. Po uvaření rozdělte do čtyř nádob na přípravu jídla, podávejte s oblíbeným salátem nebo zeleninou a uchovávejte v lednici až tři dny.

10. Kuře Harissa a marocký kuskus

Slouží 4

Ingredience

- 500 g vykostěných kuřecích stehen bez kůže
- 1 polévková lžíce extra panenského olivového oleje
- 2 polévkové lžíce harissa pasty
- ½ citronu (odšťavněný)
- 1 cibule (jemně nakrájená)
- 3 stroužky česneku (rozdrcené)
- 2 lžíce kokosového oleje
- 1 lžička kmínu
- 1 lžička uzené papriky
- 350 g kuskusu
- 1 kostka zeleninového vývaru
- 1 litr převařené vody
- 1 svazek čerstvé petrželky (jemně nasekané)
- 1 lžička chilli vloček
- 40 g piniových oříšků
- 50 g rozinek

Pokyny

a) Nejprve na kuřecí stehna přidejte olivový olej, harissa pastu, sůl, pepř a citronovou šťávu a vmasírujte do nich pastu. Po obalené odstavte a nechte marinovat.

b) Mezitím si nakrájejte cibuli a česnek a poté na nepřilnavé pánvi rozehřejte lžíci kokosového oleje. Přidejte cibuli a vařte 5 minut do změknutí.

c) Přidejte česnek na pánev a vařte 2 minuty, než přidáte kmín a uzenou papriku. Do cibule a česneku vmícháme koření a poté vmícháme suchý kuskus.

d) Smíchejte zeleninový vývar a vroucí vodu a poté přidejte do pánve. Vše promíchejte, dokud se nespojí a kuskus nechte nasáknout tekutinou.

e) Mezitím rozehřejte zbývající lžíci kokosového oleje na litinové pánvi nebo roštu na vysokou teplotu. Přidejte kuřecí stehna harissa a vařte 4–5 minut z každé strany, než vyndejte z pánve a dejte stranou.

f) Jakmile kuskus nasákne zeleninovým vývarem a zdvojnásobí svůj objem, přendejte do velké mísy a přidejte rozinky, piniové oříšky, petrželku, šťávu z ½ citronu, sůl, pepř a chilli vločky.

g) Do každé nádoby na přípravu jídla přidejte kus kuskusu a navrch dejte nakrájené kuře harissa.

11. Buffalo kuřecí těstovinový salát

Vyrábí: 3 jídla

Ingredience

Na těstoviny:

- 160 g uvařených těstovin
- 3 prsa vařené kuře
- 2 stonky celeru
- Hrst cherry rajčat
- 1 žlutá paprika
- 2 polévkové lžíce rančového dresingu se sníženým obsahem tuku
- Velká hrst smíšených listů

Na buvolí omáčku:

- 175 ml peri-peri omáčky
- ½ lžičky česnekového prášku
- 4 polévkové lžíce másla nebo margarínu se sníženým obsahem tuku
- Špetka soli

Pokyny

a) Umístěte kastrol na střední teplotu a přidejte omáčku peri-peri a česnekový prášek. Vařte 2 minuty, poté přidejte máslo a sůl a vařte dalších 5 minut za občasného míchání. Sundejte z plotny a nechte pár minut vychladnout.

b) Celer, rajčata a papriku nakrájejte na kousky a poté kuře naporcujte pomocí dvou vidliček. Vložte do velké mísy s uvařenými těstovinami.

c) Přelijte buvolí omáčkou a promíchejte s těstovinovým salátem. Rozdělte do 3 nádob na přípravu jídla a každou pokapejte trochou rančového dresingu a podávejte s hrstí míchaných listů nebo s vaším oblíbeným přílohovým salátem. Nechte v chladničce až 3 dny a vychutnejte si teplé nebo studené.

12. Kuře, sladké brambory a zelenina

Ingredience

- 2 polévkové lžíce kokosového oleje
- 4 x 130 g kuřecích prsou
- 350 g sladkých brambor
- 1/2 lžičky mořské soli
- 1/2 lžičky černého pepře
- 1/2 lžičky papriky
- 1 sáček čerstvého špenátu
- 350 g zelených fazolek (nakrájených)
- Posypeme vybraným kořením

Pokyny

a) Troubu předehřejte na 180°C.

b) Nejprve začněte tím, že si nakrájíte batáty na měsíčky a položíte na plech. Dochuťte solí, pepřem a paprikou a poté pečte 25 minut.

c) Uvařte konvici a vložte do mísy nakrájené zelené fazolky. Zelené fazolky zalijte vroucí vodou se špetkou soli a nechte 1-2 minuty blanšírovat (nevařte úplně, aby si zachovaly nutriční hodnotu).

d) Kuřecí prsa položte na pánev nebo velkou nepřilnavou pánev na střední teplotu a opečte z jedné strany dohněda, poté kuře otočte a každé prso ochuťte kořením dle výběru

e) Jakmile je kuře důkladně propečené, položte na desku odpočinout a vychladnout.

f) Zelené fazolky sceďte z osolené vody.

g) Jakmile všechny ingredience vychladnou, vytvořte krabičky na jídlo. Do každé krabice přidejte 2 hrsti špenátu, kopeček klínků, zelené fazolky a kuřecí prsa.

h) Uchovávejte ve vzduchotěsné nádobě v lednici, poté vložte do mikrovlnné trouby na 3-4 minuty nebo dokud se nezahřeje.

13. Asijské arašídové máslo sezamové kuře

Ingredience

Na kuře:

- 5 polévkových lžic arašídového másla
- 50 ml pomerančové šťávy
- 3 lžíce sirupu bez cukru (příchuť javor)
- 3 polévkové lžíce sójové omáčky
- 1 palec zázvoru (strouhaný)
- 3 kuřecí prsa
- Na salát:

- 2 okurky (spiralizované nebo nakrájené na tenké plátky)
- 2 mrkve (spiralizované nebo nakrájené na tenké plátky)

Zálivka:

- 2 polévkové lžíce sirupu bez cukru (s příchutí javoru) nebo javorového sirupu
- 4 polévkové lžíce sójové omáčky
- 2 polévkové lžíce sezamového oleje

Podávejte s:

- 30 g (suchá hmotnost) hnědé/basmati rýže na jídlo

Pokyny

a) Troubu předehřejte na 200 °C nebo na 180 °C s ventilátorem.

b) Vyšlehejte arašídové máslo, 100 ml horké vody a pomerančový džus do hladka, poté přidejte sirup, sójovou omáčku a zázvor. Dát stranou.

c) Kuřecí prsa okořeníme a opečeme opékáním na vysoké teplotě na nepřilnavé pánvi 3 minuty z každé strany, poté přendáme do kastrolu a kuře důkladně potřeme omáčkou z arašídového másla.

d) Pečte 20 minut.

e) Během čekání připravte dresink na salát smícháním sirupu, sóji, sezamového oleje a semínek, poté smíchejte se spirálovitou okurkou a mrkví.

f) Jakmile je kuře uvařené, vložte do krabic na přípravu jídla a podávejte se salátem a hnědou rýží. Třídenní příprava oběda roztříděna.

14. Grilované kuře a rýže

Ingredience

- 1 polévková lžíce kokosového oleje
- 450 g vařené bílé rýže
- 600 g kuřecích prsou
- 6 hrstí špenát
- 75 g kukuřice cukrové
- 3 lžíce barbecue omáčky
- 1 lžička sladké papriky
- 9 cherry rajčat

Pokyny

a) Každé syrové kuřecí prso rozřízněte vodorovně na polovinu.

b) Grilovanou omáčkou, paprikou, solí a pepřem potřeme celé kuře.

c) Přidejte kokosový olej na rozpálenou pánev nebo grilovací rošt a položte kuře na pánev na střední teplotu asi 4 minuty z každé strany. Otočte a po důkladném uvaření dejte na talíř vychladnout.

d) Přidejte 2 hrsti špenátu na dno vašich plastových van Tupperware.

e) Rýži uvaříme podle návodu na obalu a necháme vychladnout. Naplňte své vany na jedné straně.

f) Na rýži nasypeme kukuřici a přidáme nakrájená rajčata.

g) Dokončete přípravu přidáním studeného kuřete a dejte do lednice.

15. Nízkokalorické burgery s limetkou a chilli

Ingredience

- 1 lžička kokosového oleje
- 50 g ovesných vloček
- 40 g krůtího mletého masa (2-7 % tuku mletého)
- 1/2 lžičky mořské soli a černého pepře
- 1/2 červeného chilli
- 1 lžička česnekové pasty
- 1/2 malé červené cibule
- 1/2 limetky (šťáva a kůra)

Pokyny

a) Nejprve si předehřejte troubu na 180°C. Nakrouhané ovesné vločky přidejte do kuchyňského robotu a zpracujte do jemného rozmixování.

b) Přidejte cibuli, chilli, česnek a limetkovou šťávu a kůru a zpracujte, dokud nebude hrubě nasekaná. Poté přidejte mletý burger, sůl a pepř a promíchejte.

c) Rukama vytvořte 5 burgerových placiček a dejte je na vymazaný plech.

d) Pečte 15-20 minut.

e) Podávejte se zeleninou dle výběru.

16. Malajské kuřecí satay

Vyrábí: 4 jídla

Ingredience

- 2 polévkové lžíce sezamového, arašídového nebo olivového oleje
- 2 stonky citronové trávy
- 1 bílá cibule
- 2 stroužky česneku
- 1 palec zázvoru
- 2 červené chilli papričky
- 1 lžička kurkuma
- 1 lžička semínek kmínu
- 8 lžic práškového arašídového másla nebo 4–6 lžic běžného arašídového másla
- 3 kuřecí prsa (nakrájená na kostičky)
- 300 g celozrnné rýže (vařené)
- 1 červená cibule (nakrájená)
- 1 okurka (nakrájená)

Pokyny

a) Nejprve dejte do mixéru sezamový olej, citronovou trávu, cibuli, česnek, zázvor, chilli papričky, kurkumu a kmín. Zpracujte, dokud nezískáte hladkou pastu.

b) Dále v samostatné misce smíchejte 8 polévkových lžic práškového arašídového másla s 8 polévkovými lžícemi vody, dokud to nebude vypadat jako arašídové máslo. Přidejte trochu více prášku nebo vody, abyste získali požadovanou konzistenci.

c) Smíchejte polovinu kořenící pasty s arašídovým máslem, abyste vytvořili arašídovou omáčku, a zbývající kořenící pastu nalijte na vaše nakrájené kuře. Kuře napíchněte na 6 malých špízů (špejzy namočte alespoň na hodinu do vody, aby se dřevo nepřipálilo). Pokud máte čas, nechte kuře několik hodin marinovat.

d) Kuřecí špízy opékejte na střední až vysoké teplotě po dobu 8–10 minut nebo dokud nebudou úplně propečené. Po uvaření vyjměte z pánve a dejte stranou.

e) Do stejné pánve přidejte arašídovou omáčku a za občasného míchání přiveďte k varu, dokud se nerozpálí. Sundejte z plotny.

f) Připravte si tři krabičky Tupperware s vařenou rýží, nakrájenou okurkou a nakrájenou červenou cibulí. Do každé krabice přidejte dva kuřecí špízy. Arašídovou omáčku rozdělte do tří menších Tupperware krabiček nebo omáčkou přelijte rovnou kuře.

g) Uchovávejte v chladničce až 3 dny. Mikrovlnná trouba na plný výkon po dobu 3 minut nebo dokud se nezahřeje. A je to – jídlo za 3 dny, které oživí vaše pracovní obědy!

17. Kuřecí Tikka Masala

Slouží 4

Ingredience

- 1 polévková lžíce 100% kokosového oleje
- 500 g kuřecích prsou (nakrájených na kostičky)
- 1 bílá cibule (jemně nakrájená)
- 4 stroužky česneku (nastrouhané nebo drcené)
- 1 lžíce zázvoru (strouhaného)
- 2 lžíce rajčatového protlaku
- 1 lžička kurkuma
- 1 lžička garam masala
- ½ lžičky chilli prášku
- 1 plechovka nakrájených rajčat (smíchaná)
- 1 hrnek vroucího kuřecího vývaru
- 3 velké polévkové lžíce plnotučného řeckého jogurtu

Podávejte s:

- 50 g rýže basmati na porci (suchá váha)
- 2 placky (nakrájené na proužky)
- 20 g nakrájených kešu oříšků

Pokyny

a) Nejprve si na pánvi na středním plameni rozehřejte kokosový olej a přidejte kuřecí prsa a cibuli. Dochuťte solí a pepřem a poté opékejte, dokud kuře není zvenku růžové.

b) Snižte teplotu a přidejte česnek, zázvor, rajčatový protlak, kurkumu, garam masalu a chilli prášek spolu s trochou vody a dobře míchejte 1-2 minuty, aby se vůně z koření uvolnila.

c) Poté přidejte rozmixovaná rajčata a kuřecí vývar, přiveďte pánev k varu a za občasného míchání nechte 10 minut vařit.

d) Jakmile se vaše omáčka zredukuje zhruba na polovinu, stáhněte plamen a promíchejte řecký jogurt. Pokud to chcete super-krémové, klidně přidejte více řeckého jogurtu nebo naopak.

e) Podávejte s rýží basmati, nudlemi a nakrájenými kešu oříšky.

18. Příprava kuře z kokosu a rýže v jednom hrnci

Ingredience

Na kuře:

- 5-6 kuřecích stehen bez kůže
- 2 polévkové lžíce jogurtu
- 1 lžička zázvoru
- 1 lžička kurkuma
- ½ lžičky chilli prášku
- ¼ lžičky soli

Pro hrnec:

- 1 polévková lžíce kokosového oleje
- 1 cibule (nakrájená na tenké plátky)
- 2-3 stroužky česneku (nastrouhané)
- 1 lžička zázvoru (strouhaného)
- ½ lžičky chilli prášku
- 250 g rýže basmati (namočené a okapané)
- 1 plechovka zapálit kokosové mléko
- ½ velkého hrnku vařené vody

Sloužit:

- Nakrájené kešu
- Koriandr

Pokyny

a) Přidejte kuřecí stehna, jogurt, zázvor, kurkumu, chilli prášek a sůl do mísy a dobře promíchejte, dokud nebude kuře zcela obalené. Odstavte a nechte marinovat alespoň 15 minut, nejlépe přes noc.

b) Ve velké hluboké pánvi nebo kastrolu na středním plameni rozehřejte kokosový olej a přidejte kuřecí stehna.

c) Vařte 5 minut před obrácením a vařte dalších 5–10 minut, dokud nebude kuře propečené. Vyjměte z pánve a dejte stranou.

d) Přidejte cibuli do pánve s malým troškou vody a opékejte 5 minut. Poté přidejte česnek, zázvor, chilli papričku a další kapku vody. Stále mícháme, dokud se cibule neobalí kořením a necháme 2 minuty opékat.

e) Basmati rýži vmícháme do cibule a koření, poté přidáme kokosové mléko a 1/2 hrnku převařené vody. Vše pořádně promíchejte, přiveďte k varu a poté vložte kuřecí stehna zpět do pánve na rýži.

f) Přikryjte pokličkou a nechte 15–20 minut vařit, dokud není rýže uvařená.

g) Před podáváním ozdobte nakrájenými kešu oříšky a koriandrem.

19. BBQ Pulled Chicken Mac N Cheese

Slouží 4

Ingredience

Na BBQ tažené kuře:

- 4 polévkové lžíce omáčky bez cukru (BBQ)
- 1 lžička papriky
- 1 lžička česnekových granulí
- Sůl
- Pepř
- 300 g kuřecích prsou

Pro sýr mac n:

- 3 polévkové lžíce másla
- 3 polévkové lžíce hladké mouky
- 1 stroužek česneku (rozdrcený)
- 1 polévková lžíce papriky
- 1-litrové polotučné mléko
- 150 g nízkotučného čedaru (strouhaného)
- 250 g makaronových těstovin
- Chilli vločky na dochucení

Pokyny

a) Předehřejte troubu na 180 °C/350 °F a dejte vařit velký hrnec s vodou.

b) Poté v malé misce smíchejte BBQ omáčku bez cukru, papriku, česnekové granule, sůl a pepř.

c) Do každého kuřecího prsíčka nakrájejte bokem hluboké řezy a přendejte je na plech vyložený alobalem. Poté nalijte směs BBQ omáčky na kuřecí prsa.

d) Omáčku vetřete do kuřecích prsou tak, aby byla zcela zakrytá, pak kuřecí prsa zabalte do alobalu a pečte 25 minut.

e) Po upečení vyjměte kuře z fólie – BBQ šťávu dejte stranou – a poté kuře naporcujte pomocí dvou vidliček.

f) Přidejte BBQ šťávu a nakrájené kuřecí maso na pánev smažte na středním ohni po dobu 3-4 minut, poté odstavte. Pokud si přejete, můžete přidat další BBQ omáčku bez cukru.

g) Dejte si makaronové těstoviny vařit.

h) Mezitím si v hluboké pánvi rozpustíme máslo. Přidejte česnek a papriku a restujte 2 minuty.

i) Přidejte mouku, dobře prošlehejte a poté postupně přidávejte mléko.

j) Poté přidejte nízkotučný čedar, míchejte, dokud se nerozpustí v bílé omáčce, a nakonec přidejte nakrájené BBQ kuře a vařené těstoviny s makarony. Pořádně promíchejte, aby se vše spojilo.

k) Podávejte s posypem chilli vloček nebo černého pepře pro malé nakopnutí a užijte si to!

20. Kuřecí kari s arašídovým máslem

Slouží 4

Ingredience

- 1 polévková lžíce 100% kokosového oleje
- 400 g kuřecích prsou (na kostky)
- 1 cibule (nakrájená)
- 2 stroužky česneku (jemně nasekané)
- 1 kousek zázvoru o velikosti palce (jemně nasekaný)
- 1 červená chilli papričku (zbavená semínek a nakrájená najemno)
- 5 polévkových lžic kari
- 1 plechovka nakrájených rajčat
- 1 hrst čerstvého koriandru (nasekaného)
- 400 ml světlého kokosového mléka
- 100 g přírodního arašídového másla (křupavé)

Sloužit:

- Basmati rýže (asi 75 g na osobu)
- Nasekané arašídy

- Koriandr

Pokyny

a) Nejprve na velké pánvi rozehřejte kokosový olej a přidejte kuře. Lehce okořeňte a opékejte, dokud nebude vařený a zvenčí dozlatova, poté odstavte.

b) Nyní přidejte cibuli a smažte do měkka. Přidejte nasekaný česnek, zázvor a chilli a smažte další 1-2 minuty, než přidáte kari a velkou stříkačku vody. Přiveďte k varu, dobře promíchejte a vařte 5 minut.

c) Nyní přidejte nakrájená rajčata a koriandr, dobře promíchejte a za občasného míchání nechte dalších 10 minut provařit.

d) Do omáčky postupně vmíchejte světlé kokosové mléko a poté přidejte křupavé arašídové máslo. Vše pořádně promíchejte a nechte na mírném ohni dusit, dokud vaše kari nedosáhne požadované konzistence.

e) Podávejte s basmati rýží a posypáním nasekaným koriandrem a arašídy a pak si užijte!

21. Zapečené těstoviny Fajita

Slouží 5

Ingredience

- 1 polévková lžíce kokosového oleje
- 350 g kuřecího stehna (na kostky)
- 1 cibule (jemně nakrájená)
- 2 papriky (jemně nakrájené)
- ½ balení fajita koření
- 350 g rigatoni
- 100 g salsa dip
- 100 g lehkého smetanového sýra
- Malý svazek koriandru (odstraněné stonky, jemně nasekané)
- 50 g světlého čedaru
- 30 g světlé mozzarelly

Pokyny

a) Nejprve si předehřejte troubu na 180°C/360°C.

b) Ve velké pánvi rozehřejte kokosový olej a přidejte kuřecí stehna. Dobře osolte, opepřete a opékejte 6–7 minut, jednou nebo dvakrát otočte, dokud nezačnou zvenku hnědnout. Vyjměte z pánve a dejte stranou.

c) Připravte si těstoviny, aby byly připraveny k přidání do pánve za deset minut.

d) Nyní do pánve přidejte cibuli a papriku a za pravidelného míchání ji smažte do měkka. Přidejte fajita koření a vařené kuře zpět, dobře promíchejte a opékejte 5 minut.

e) Poté přidejte uvařené těstoviny (předtím je nezapomeňte scedit), salsu a smetanový sýr a důkladně promíchejte, aby se vše rovnoměrně spojilo.

f) Nakonec přidejte nasekaný koriandr a před přenesením do velké zapékací mísy dobře promíchejte.

g) Navrch dejte sýr a pečte 10–15 minut, dokud nezačne křupat.

h) Ozdobte nakrájenou jarní cibulkou a koriandrem a pak zapíchněte!

22. Smetanové kuře s citronem a tymiánem

Slouží 6

Ingredience

- 2 lžičky čerstvého tymiánu
- 2 lžičky smíchaných bylinek
- Sůl a pepř na dochucení
- 6 vykostěných kuřecích stehen bez kůže
- 1 polévková lžíce oleje
- 1 cibule (nakrájená)
- 2 stroužky česneku (nasekané)
- Šťáva z 1 citronu
- 100 ml kuřecího vývaru
- 200 ml crémc fraichc
- Plátky citronu
- Čerstvý tymián

Návrhy na podávání:

- Quinoa (asi 50 g na porci)
- Jemná stonková brokolice

Pokyny

a) Nejprve si připravte koření smícháním čerstvého tymiánu, smíchaných bylinek, soli a pepře v malé misce. Hojně posypte kuřecí stehna, ujistěte se, že je obalíte rovnoměrně, a zbývající koření nechte stranou, abyste je mohli použít později.

b) Dále přidejte olej do velké pánve na středním plameni. Jakmile jsou horké, přidejte kuřecí stehna a opékejte několik minut z každé strany. Měly by být křupavé a opečené zvenku a zcela propečené uvnitř (bez růžových kousků). Vyjměte kuře z pánve a dejte stranou.

c) Do stejné pánve, jako jste vařili kuře, přidejte cibuli a česnek a několik minut opékejte, dokud nezměkne. Poté přidejte citronovou šťávu, kuřecí vývar a zbývající kořenící směs, dobře promíchejte, aby se spojily, a nechte několik minut probublávat.

d) Přidejte crème fraiche, promíchejte a vařte další 2-3 minuty do zhoustnutí. Poté přidejte kuřecí stehna zpět do pánve a nechte několik minut zahřívat.

e) Sundejte z plotny a ozdobte plátky čerstvého citronu a troškou tymiánu. Podávejte s quinoou a hned si ji vychutnejte nebo si rozdělte porce pro přípravu jídla na týden. Lahodné.

23. Kuře a chorizo paella

Slouží 5

Ingredience

- 100 g choriza
- 500 g kuřecích stehen bez kůže
- Sůl a pepř na dochucení
- 1 cibule (nakrájená)
- 1 lžička kurkuma
- 1 lžička papriky
- 2 stroužky česneku (umleté)
- 1 červená paprika (nakrájená)
- 225 g rýže paella
- 400 ml kuřecího vývaru
- 4 rajčata (nakrájená)
- 100 g hrášku

Na ozdobu:

- Klínky citronu a limetky
- Čerstvá petržel

Pokyny

a) Nejprve přidejte kousky choriza na velkou nepřilnavou pánev a několik minut vařte, dokud nezačnou strany hnědnout a neuvolní se oleje. Poté vyjměte a odložte na později.

b) Do pánve přidejte kuřecí stehna a opečte na přírodních olejích z choriza. Dochuťte solí a pepřem a vařte, dokud nezhnědne z každé strany a nezůstane růžová. Vyjměte z pánve a dejte také stranou.

c) Poté přidejte nakrájenou cibuli a smažte několik minut, dokud nezměkne. Poté přidejte kurkumu, papriku, česnek a červenou papriku a dobře promíchejte, aby se vše obalilo v koření.

d) Po pár minutách přidejte rýži paella a promíchejte. Poté zalijte kuřecím vývarem a nakrájenými rajčaty a vše promíchejte, dokud se rovnoměrně nespojí.

e) Přidejte kousky choriza zpět do pánve a promíchejte, poté přidejte kuřecí stehna. Pánev přikryjeme pokličkou a dusíme 15 minut, aby se rýže uvařila a nasákla tekutinou.

f) Nakonec přidejte hrášek, promíchejte a před odstavením z ohně nechte několik minut prohřát. Podávejte se spoustou koleček limetky a citronu a ozdobou čerstvé petrželky.

24. Easy Protein Bowl Meal Prep

Slouží 1

Ingredience

- 2 polévkové lžíce sójové omáčky
- 1 polévková lžíce medu
- 1 lžička černého pepře
- 1 lžíce česneku (mletý)
- 1 kuřecí prso
- 75 g quinoa
- 200 ml vody
- 1 vejce
- 50 g brokolice
- 50 g mangetoutu
- ½ červené papriky (nakrájené na plátky)
- 4 cherry rajčata (půlená)
- jarní cibulka (nakrájená)

Pokyny

a) Nejprve smíchejte sójovou omáčku, med, černý pepř a česnek a vytvořte marinádu. Kuřecí prsa přelijte 3/4 marinády, přikryjte a nechte 30 minut marinovat v lednici (nebo to můžete udělat i večer). Zbývající marinádu si nechte stranou pro pozdější podávání.

b) Poté do hrnce přidejte quinou a 200 ml vody, přikryjte pokličkou a přiveďte k varu. Jakmile se vaří, přidejte síto na pánev a položte vejce do středu nad quinou. Znovu přikryjte a nechte 10 minut v páře.

c) Mezitím v samostatné pánvi rozehřejte trochu oleje nebo nízkokalorického spreje na vaření a poté přidejte marinovaná kuřecí prsa. Vařte asi 5–7 minut na každé straně, dokud nezhnědne a úplně propeče bez růžových kousků uvnitř.

d) Přidejte brokolici a mangetu do sítka nad quinoa, poté přikryjte a vařte v páře dalších 5 minut. Poté sítko opatrně vyjměte a quinou promíchejte vidličkou, aby se načechrala.

e) Sestavte si proteinovou misku. Vytvořte základ z quinoy, poté přidejte uvařenou brokolici a mangetout spolu s plátky červené papriky a cherry rajčaty. Přidejte nakrájená kuřecí prsa a uvařené vejce (nejdříve odstraňte skořápku!), poté přidejte zbývající marinádu, kterou jste si nechali stranou, a ozdobte nakrájenou jarní cibulkou.

25. Pečený steak z tuňáka a sladké brambory

Dělá 4

Ingredience

Na steaky z tuňáka:

- 4 x 150 g steaků z tuňáka
- 1 lžička hrubé mořské soli
- 1 polévková lžíce 100% kokosového oleje (rozpuštěného)
- 2 polévkové lžíce růžového pepře
- Na sladké brambory:
- 4 velké sladké brambory
- 1 polévková lžíce hladké mouky
- 1/2 lžičky soli
- 1/2 lžičky pepře
- 1/2 polévkové lžíce 100% kokosového oleje (rozpuštěného)

Pokyny

a) Nejprve si předehřejte troubu na 200 °C.

b) Poté připravte sladké brambory. Očistěte každou bramboru a celou propíchejte vidličkou. Umístěte na talíř pro mikrovlnnou troubu a mikrovlnnou troubu na vysoký výkon po dobu 4-5 minut, poté vyjměte z mikrovlnné trouby a nechte minutu nebo dvě vychladnout.

c) Jakmile vychladnou na dotek, nakrájejte sladké brambory na měsíčky. Klínky posypte moukou, solí, pepřem a rozpuštěným kokosovým olejem a trochu s nimi zatřeste, aby se obalily (tak budou super křupavé). Rozložte je na plech a pečte při 200 °C 15-20 minut.

d) Když jsou batátové hranolky téměř hotové, je čas uvařit si steaky z tuňáka. Každý steak potřete z obou stran rozpuštěným kokosovým olejem, poté posypte solí a vložte do velké pánve nebo grilovací pánve, která je již asi minutu rozpálená.

e) Steaky z tuňáka opékejte z každé strany 1-2 minuty, pokud dáváte přednost orestovanému tuňákovi, nebo 3-4 minuty z každé strany, pokud dáváte přednost propečenému.

f) Připravte si krabičky na přípravu jídla s lůžkem ze salátu nebo špenátových listů, poté rozdělte plátky sladkých brambor a nakonec přidejte steak z tuňáka. Steak posypte drceným růžovým pepřem a podávejte s kolečkem citronu.

g) Uchovávejte ve vzduchotěsných nádobách v chladničce po dobu až 3 dnů. Až budete připraveni k jídlu, sejměte víko a položte jej volně zpět nahoru, ponechte malou mezeru. Zapněte mikrovlnnou troubu na vysoký výkon po dobu 3 $\frac{1}{2}$ minuty nebo dokud se nezahřeje. Před jídlem nechte 1 minutu odstát.

26. Rychlý pikantní cajunský losos a česneková zelenina

Ingredience

- 3 stroužky česneku (nahrubo nasekaný)
- 1 citron (nakrájený na velmi tenké kroužky)
- 3 filety z divokého lososa
- 1,5 polévkové lžíce cajunského koření
- 1 polévková lžíce olivového oleje
- 1 lžička hrubé mořské soli a černého pepře
- 180 g (suchá váha) kuskusu
- 10-12 stonků jemné stonkové brokolice
- 2 cukety

Pokyny

a) Předehřejte troubu na 160°C. Z jemné stonkové brokolice odřízněte suché konce (asi 1 cm) a cuketu stočte do spirály.

b) Brokolici dejte do hlubokého pekáčku, navrstvěte na ni cuketu, česnek, citron a dochuťte mořskou solí a černým pepřem. Pokapejte trochou olivového oleje.

c) Filety lososa ze všech stran potřete zbylým olivovým olejem a cajunovým kořením a poté je položte kůží nahoru na zeleninu. Pečte 25 minut, poté zvyšte teplotu na 180 °C a pečte dalších 5 minut, dokud kůže nezačne křupava.

d) Kuskus uvařte podle pokynů na obalu a poté rozdělte do 3 nádob Tupperware. Lososa, zeleninu a několik plátků citronu rozdělte do nádob a nechte vychladnout. Zakryjte a chlaďte až 3 dny.

e) Až budete připraveni k jídlu, zapněte mikrovlnnou troubu na plný výkon po dobu 3 minut nebo dokud se nezahřeje.

27. Těstovinový salát s tuňákem

Slouží 3

Ingredience

- 200 g uvařených těstovin
- 2 plechovky tuňáka
- 1 plechovka cukrové kukuřice (100 g)
- 2 mrkve (nastrouhané)
- 1 žlutá paprika (nakrájená na kostičky)

Na dresink:

- 4 polévkové lžíce olivového oleje
- 1 citron (šťáva a kůra)
- ½ lžičky česnekového prášku
- Sůl a pepř na dochucení

Pokyny

a) Nejprve si připravte dresink přidáním oleje, citronové šťávy a kůry, česnekového prášku, soli a pepře do malé misky a dobře promíchejte.

b) Dále přidejte uvařené těstoviny do velké mísy a poté přidejte nakrájenou mrkev, sladkou kukuřici, na kostičky nakrájenou papriku a scezeného tuňáka. Navrch přelijte dresinkem a poté velkou lžící vše opatrně promíchejte, aby se vše rovnoměrně rozprostřelo.

c) Naporcujte do 3 nádob na přípravu jídla a uložte na několik dní do lednice. Oběd seřazený.

28. Poke Bowl s lososem

Slouží 4

Ingredience

- 3 polévkové lžíce světlé majonézy
- 1 polévková lžíce sriracha
- 2 polévkové lžíce sójové omáčky
- 2 polévkové lžíce mirinu (nebo jiného rýžového vinného octa)
- 1 polévková lžíce praženého sezamového oleje
- 1 polévková lžíce medu
- 300 g lososa třídy sashimi
- 1 mrkev
- 1 okurka
- 2-3 jarní cibulky
- 1 avokádo (nakrájené na plátky)
- 1 šálek fazolí edamame připravených k přímé spotřebě
- 250 g lepkavé bílé sushi rýže
- 1-2 šalotky (jemně nakrájené)
- 1 polévková lžíce kokosového oleje
- Na ozdobu: sezamová semínka

Pokyny

a) Nejprve smíchejte světlou majonézu, srirachu, sójovou omáčku, mirin, sezamový olej a med, aby vznikla hladká marináda.

b) ½ marinády si nechte, abyste ji mohli později použít jako dresink, a do zbývající marinády přidejte sashimi lososa. Lososa promíchejte s marinádou, dejte pozor, abyste ho nepoškodili, a poté nechte marinovat alespoň hodinu.

c) Sushi rýži důkladně propláchněte, dokud nebude voda čistá. Poté uvařte sushi rýži podle návodu na obalu (obvykle vařte asi 10 minut a poté 10 minut v páře) a před podáváním nechte vychladnout.

d) Okurku nakrájejte na čtvrtky, podélně na tenké plátky nakrájejte jarní cibulku a mrkev julienne pomocí škrabky.

e) Nyní rozehřejte kokosový olej na nepřilnavé pánvi a přidejte nakrájenou šalotku. Na mírném ohni šalotku zlehka restujte asi 7 minut, dokud nezhnědne a nebude křupavá. Poté vyjměte z pánve a přeneste na kus papírové kuchyňské utěrky.

f) Jakmile je vše připraveno, postavte si poke bowl tak, že nejprve navrstvíte rýži a potom všechny polevy. Ozdobte sezamovými semínky a ihned si pochutnejte nebo uchovávejte ve vzduchotěsných nádobách v lednici až 3 dny jako přípravu jídla.

29. Kedgeree s vysokým obsahem bílkovin

Vyrábí: 3 jídla

Ingredience

- 3 filety uzené tresky jednoskvrnné
- 1 lžička kokosového oleje
- 1 bílá cibule (jemně nakrájená)
- 1 lžička kurkuma
- 1 lžička mletého koriandru
- 1 lžička středního kari
- 3 vejce natvrdo (oloupaná a nakrájená na čtvrtky)
- 500 g vařené celozrnné rýže nebo nulové rýže (160 g suché hmotnosti)
- Hrst čerstvého koriandru

Pokyny

a) Uzenou tresku vložíme do velké pánve na střední teplotu. Zakryjte centimetrem vody. Přiveďte k varu, poté stáhněte plamen a vařte 5 minut. Po uvaření stáhněte z plotny a rozdělte na kousky. Dát stranou.

b) Vylijte vodu z pánve a přidejte kokosový olej. Přidejte nakrájenou cibuli a na středním až mírném ohni vařte 5 minut dozlatova.

c) Přidejte kurkumu, mletý koriandr a kari a za občasného míchání vařte dalších 30 sekund.

d) Přidejte uvařenou rýži a tresku a promíchejte. Prohřejeme, přidáme vařená vejce a znovu promícháme. Přendejte do nádob na přípravu jídla a podávejte s vámi vybranou zeleninou.

30. Kořeněné jehněčí s feta bulgurem

Slouží 2

Ingredience

- 1 polévková lžíce oleje
- 1 červená cibule (nakrájená)
- 1 polévková lžíce ras el hanout
- 3 lžíce rajčatového protlaku
- 250 g jehněčího mletého masa
- Sůl a pepř na dochucení
- 125 ml vroucí vody
- 130 g pšeničného bulguru
- 100 g feta (na kostky)
- ½ okurky (nakrájené na kostičky)
- Čerstvé lístky máty na ozdobu

Pokyny

a) Nejprve si ve velké pánvi rozehřejte olej a cibuli na něm pár minut opékejte, dokud nezměkne. Přidejte ras el hanout a rajčatový protlak a míchejte, dokud není vše rovnoměrně obaleno.

b) Nyní přidejte jehněčí mleté maso a rozdrobte na kousky, míchejte, aby se spojily se vším ostatním. Dochuťte solí a pepřem podle chuti a nechte vařit 5-10 minut nebo dokud přestane být růžové.

c) Přilijeme vroucí vodu a necháme dalších 10 minut povařit, aby se tekutina zredukovala a omáčka zhoustla.

d) Mezitím přidejte pšeničný bulgur do hrnce s vroucí vodou a vařte podle návodu na obalu.

e) Po uvaření načechrajte vidličkou a přidejte kostky fety a okurky, promíchejte v bulguru.

f) Na talíř postavte záhon z feta bulguru a navrch přidejte pár lžic jehněčí směsi.

g) Ozdobte několika lístky čerstvé máty a poté podávejte!

31. Libové, krémové klobásové těstoviny

Porce 4 porce

Ingredience

- 1 lžička 100% kokosového oleje
- 1 pórek (jemně nakrájený)
- 2 stroužky česneku (nasekané)
- 8 klobás se sníženým obsahem tuku (nakrájené na plátky)
- 200 g tvarohu
- 1 plechovka nakrájených rajčat
- 240 g celozrnných těstovin penne
- 1 lžička sušených chilli vloček
- 1 špetka soli a pepře podle chuti
- 1 hrst lístků čerstvé bazalky

Pokyny

a) Přidejte kokosový olej do velké nepřilnavé pánve na střední až vysoké teplotě. Do pánve přidejte nakrájený pórek a za občasného míchání opékejte 3–4 minuty.

b) Přidejte česnek a opékejte na pánvi další 2 minuty, poté přidejte nakrájené párky a opékejte 6–10 minut za občasného míchání, dokud nejsou ze všech stran hnědé. Přidejte chilli papričky a dochuťte solí a pepřem podle chuti.

c) Dále plechovku rajčat a promíchejte, aby se spojily. Nechte několik minut probublávat a poté přidejte tvaroh a důkladně promíchejte, abyste získali bohatou, krémovou omáčku.

d) Do pánve přidejte uvařené těstoviny a promíchejte s omáčkou, aby se vše spojilo.

e) Po několika minutách těstoviny stáhněte z ohně a naporcujte do nádob, ozdobte lístky čerstvé bazalky.

32. Sladké brambory a chorizo hash

Porce: 4

Ingredience

- 500 g sladkých brambor
- 1 polévková lžíce kokosového oleje
- ½ červené cibule (jemně nakrájené)
- 200 g konzervované cizrny (scezené)
- 150 g choriza nebo pancetty (nakrájené na 1 cm kostky)
- ½ lžičky mořské soli
- ½ lžičky černého pepře
- 4 středně velká vejce z volného výběhu
- Hrst nakládaných a nakrájených jalapeños

Pokyny

a) Batáty oloupeme a nakrájíme na 2 cm kostky. Kostky vložíme do hrnce a zalijeme vodou, poté přivedeme k varu. Jakmile se vaří, slijte a nechte páru odtékat 2-3 minuty.

b) Během čekání přidejte kokosový olej do pánve na střední až vysoké teplotě. Jakmile se rozpustí, přidejte nakrájenou cibuli a chorizo/pancettu a za občasného míchání opékejte 3–4 minuty.

c) Poté stáhněte plamen na střední a přidejte sladké brambory, cizrnu, jalapenos, mořskou sůl a černý pepř. Trochu je rozmáčkněte a smažte 8–10 minut, aniž byste je pohnuli, dokud nebude dno křupavé.

d) Jakmile bude křupavá, udělejte v haši 4 malé důlky a rozklepněte vejce. Pánev přikryjte pokličkou a vařte 2–3 minuty, dokud nejsou vejce uvařená, ale žloutek stále tekutý (můžete vařit i déle, pokud máte rádi žloutky propečené).

e) Navrch dejte pár jalapeňos navíc a podávejte.

33. Teriyaki Beef Zoodles

Vyrábí: 4 jídla

Ingredience

Na omáčku:

- 75 ml sójové omáčky
- 120 ml vody
- 1,5 lžíce kukuřičného škrobu
- 4-5 polévkových lžic organického javorového sirupu
- Volitelné: 1 stroužek česneku (nasekaný)
- ½ palce zázvoru (strouhaný)

Pro zbytek:

- 1 lžička kokosového oleje
- 3 rump steaky (nakrájené na plátky)
- 4 cukety (spiralizované)
- 2 žluté papriky (nakrájené)
- 75 g fazolí edamame
- Posypte sezamovými semínky

Pokyny

a) V hrnci rozšlehejte sóju, vodu a kukuřičný škrob/guarovou gumu a jemně zahřívejte 5–6 minut, dokud omáčka nezhoustne. V tuto chvíli přidejte česnek a zázvor, pokud je používáte. Po zhoustnutí zašleháme javorový sirup a stáhneme z ohně. Dát stranou.

b) Zahřejte velký wok (nebo pánev) na vysokou teplotu po dobu 1-2 minut. Když je opravdu horký, přidejte kokosový olej a plátky steaku a opékejte 1-2 minuty, občas obracejte.

c) Přidejte spirálovitou cuketu a nakrájenou papriku a za stálého míchání opékejte další 2-3 minuty.

d) Nakonec promíchejte teriyaki omáčkou a fazolemi edamame, poté přendejte do krabic Tupperware a nechte vychladnout.

e) Každý posypte několika sezamovými semínky a dejte vychladit. Snadný!

34. Pečený kuskus Feta

Slouží 4

Ingredience

- 200 g feta
- 400 g cherry rajčat
- 1 lžička směs bylinek
- 1 polévková lžíce olivového oleje
- 200 g kuskusu
- 500 ml zeleninového vývaru
- Čerstvé chilli papričky na ozdobu
- Petržel na ozdobu

Pokyny

a) Troubu předehřejte na 200°C.

b) Přidejte fetu a cherry rajčata do zapékací mísy. Posypte smíchanými bylinkami a pokapejte olivovým olejem, poté pečte v troubě 25–30 minut.

c) Mezitím přidejte kuskus do velké mísy a zalijte vroucím zeleninovým vývarem. Dobře promíchejte, přikryjte pokličkou nebo talířem a nechte vařit asi 10 minut nebo dokud se tekutina nevsákne a kuskus není světlý a nadýchaný.

d) Nyní vidličkou nebo mačkadlem lehce rozmačkejte upečenou fetu a cherry rajčata, dokud se vše nespojí v jakousi hustou omáčku. Přidejte kuskus a míchejte, aby se spojil.

e) Ozdobte nakrájenou čerstvou chilli paprickou, černým pepřem a lístky petrželky. Vychutnejte si ihned nebo uchovávejte až 3 dny.

35. One-pot Lentil Dahl

Dělá 4

Ingredience

- 2 polévkové lžíce 100% kokosového oleje
- 1 cibule (nakrájená)
- 1 palec zázvoru
- 3 stroužky česneku (rozdrcené)
- 1,5 polévkové lžíce kurkumy
- 1,5 lžíce kmínu
- 1,5 polévkové lžíce středního kari
- 300 g červené čočky (omyté)
- 1 Plechovka nakrájených rajčat
- 1,2 litru zeleninového vývaru
- 1 koriandr
- 200 g hladké mouky
- 1/4 polévkové lžíce soli
- 2 lžičky prášku do pečiva
- 250 g bílého jogurtu bez mléka

Pokyny

a) Nejprve přidejte kokosový olej do velké pánve na středním plameni. Jakmile se rozpustí, přidejte cibuli, zázvor a česnek a za občasného míchání opékejte 3–4 minuty.

b) Během čekání si v samostatné misce nebo džbánu připravte vývar — kostku vývaru rozpusťte ve 1200 ml vroucí vody. Dát stranou.

c) Poté do pánve přidejte kurkumu, kmín a kari a za stálého míchání opékejte další minutu.

d) Přidejte čočku a promíchejte, abyste se ujistili, že se plně propojí s přísadami, které jsou již v pánvi. Poté přidejte rajčata a promíchejte.

e) Nyní opatrně zalijte vývarem a pomalu míchejte, aby se vše plně spojilo. Snižte teplotu, na pánev přikryjte poklicí a nechte 30 minut vařit.

f) Během čekání začněte připravovat své naany. Do mísy přidejte mouku, sůl, prášek do pečiva a jogurt a dobře promíchejte, dokud nezískáte husté těsto.

g) Posypte si pracovní plochu trochou mouky a poté rukama zcela prohněťte a spojte těsto do koule. Ostrým nožem nakrájejte kouli na stejné části – my jsme zvolili 8 sekcí pro mini naany, ale ze čtvrtí by byly 4 velké.

h) Rukama vytvarujte každou část těsta do tvaru plochého kotouče a poté je jeden po druhém umístěte na pánev na střední teplotu. Smažte na každém několik minut, dokud nezačne vstávat a hnědnout.

i) Jakmile se váš čočkový dahl v jedné nádobě uvaří, dobře promíchejte a poté porcujte s rýží do nádob na přípravu jídla. Do každého přidejte mini naan a ozdobte koriandrem.

36. Sladká papriková veganská mísa a čokoládové proteinové kuličky

Ingredience

Ingredience

- 2 400 g pevného tofu
- 400 g cizrny
- 1 polévková lžíce kokosového oleje
- 1 polévková lžíce papriky
- 200 g chřestu
- 1 špetka mořské soli a pepře
- 1 velký sladký brambor
- 1 polévková lžíce mouky
- 1 polévková lžíce organického prášku Maca

Na avokádový krém:

- 2 malá zralá avokáda
- 2 polévkové lžíce jablečného octa
- 2 polévkové lžíce extra panenského olivového oleje
- 1-2 polévkové lžíce studené vody
- Špetka mořské soli a pepře

Na proteinové kuličky:

- 2 odměrky veganské směsi (čokoládová hladká příchuť)
- 2 odměrky instantního ovsa
- 75 g kešu másla
- 2 polévkové lžíce sirupu bez cukru/med/agáve
- 1-2 lžíce mandlového/kokosového/sójového mléka
- 1 polévková lžíce chia semínek na válení

Pokyny

a) Troubu předehřejte na 200 °C nebo na 180 °C s ventilátorem.

b) Batáty oloupeme a nakrájíme na tenké hranolky, poté 10 minut předvaříme. Dobře sceďte a nechte pár minut odstát, aby se uvolnila vlhkost, poté přisypte trochu mouky a 1 polévkovou lžíci maca prášku. Pečte 20-25 minut na horní polici trouby.

c) Během čekání rozpalte velkou pánev na střední až vysokou teplotu a přidejte kokosový olej, cizrnu a chřest. Smažte 7-8 minut a poté přidejte tofu. Smažte další 3 minuty, občas promíchejte a přidejte papriku, sůl a pepř a opékejte další 2 minuty.

Na avokádový krém:

d) Přidejte všechny ingredience do mixéru a zpracujte, dokud nebudou hladké a krémové. Umístěte do malé krabičky Tupperware, kterou přidáte k přípravě jídla, jakmile ho znovu ohřejete.

Na proteinové kuličky:

e) Smíchejte veganskou směs a instantní oves v míse. Přidejte ořechové máslo a sirup, promíchejte a postupně přidávejte mléko, dokud ze směsi nebudete moci vytvarovat kuličky. Nabalte kuličky v chia semínkách a vložte je do plastových van, které si s sebou vezměte na zdravou svačinku!

37. Ultimátní 15minutové veganské Fajitas

Podává: 2

Ingredience

- 1 polévková lžíce kokosového oleje
- 2 papriky (nakrájené na plátky)
- 1 bílá cibule (nakrájená)
- 4 houby Portobello (nakrájené na plátky)
- Kořenící koření Fajita: ½ lžičky papriky, 1 lžička chilli prášku, ½ lžičky česnekového prášku, ½ lžičky kmínu
- 1 polévková lžíce sójové omáčky
- Dobrá hrst nakládaných a nakrájených papriček jalapeño
- 6 malých celozrnných tortill

Volitelné polevy:

- Guacamole
- Rajčatová salsa

Pokyny

a) Rozpalte velkou pánev na střední až vysokou teplotu. Zakápněte kokosovým olejem a jakmile se rozpustí, přidejte nakrájenou cibuli a papriku. Smažte 8–10 minut, dokud zelenina nezačne měknout, poté vmíchejte koření a za občasného míchání opékejte další 2 minuty.

b) Ke směsi přidejte houby Portobello a sójovou omáčku a opékejte do zhnědnutí – to by mělo trvat asi 4–6 minut.

c) Jakmile tortilly zhnědnou, zahřejte je v troubě po dobu 5-10 minut nebo v mikrovlnné troubě na plný výkon po dobu 30 sekund. Naplňte tortilly směsí Portobello fajita a naplňte je papričkami jalapeño, guacamole a salsou. Dokonalost.

38. Křupavé tofu a nudle Teriyaki

Slouží 4

Ingredience

Na omáčku teriyaki:

- 70 ml sójové omáčky
- 2 polévkové lžíce hnědého cukru
- 1 lžička zázvoru (jemně nakrájeného)
- 1 lžička česneku (jemně nasekaný)
- 1 lžička sezamového oleje
- 1 polévková lžíce medu
- 3 polévkové lžíce mirin
- 2 lžičky kukuřičné mouky (smíchané s troškou studené vody)

Na křupavé tofu:

- 1 blok tofu
- 3 polévkové lžíce sójové omáčky
- 50 g kukuřičné mouky
- 1 polévková lžíce kokosového oleje

Na restování:

- 1 polévková lžíce kokosového oleje
- 1 mrkev (nakrájená na tyčinky)
- 1 brokolice (růžičky vykrojené ze stonku)
- 4 hnízda vaječných nudlí
- Na ozdobu: jarní cibulka (nakrájená)

Pokyny

a) Nejprve připravte omáčku teriyaki smícháním sójové omáčky, hnědého cukru, česneku, zázvoru, sezamového oleje, medu, mirinu (nebo rýžového vinného octa) a směsi kukuřičné mouky v malé misce. Dobře promíchejte, aby se všechny ingredience rovnoměrně spojily.

b) Dále přidejte 3 lžíce sójové omáčky a 50 g kukuřičné mouky do dvou samostatných misek. Tofu nakrájejte na kostičky, poté každý kousek namočte do sójové omáčky a poté do kukuřičné mouky a před odložením se ujistěte, že je každý kousek obalený.

c) Kokosový olej rozehřejte na nepřilnavé pánvi nebo woku, poté přidejte na pánev obalené tofu, aby se vařil, za stálého míchání a převracení každé 1-2 minuty, dokud nebude křupavé a zlatavě hnědé. Vyjměte a dejte stranou.

d) Vařte velký rendlík s vodou a vařte vaječné nudle podle návodu na obalu.

e) Poté na pánvi rozehřejte zbývající kokosový olej a přidejte mrkev a brokolici. Za stálého míchání opékejte 5 minut, dokud mírně nezměknou, a poté vyjměte z pánve.

f) Na pánev přidejte omáčku teriyaki, vařte na mírném ohni, dokud omáčka nezačne bublat a houstnout. Jakmile budete s konzistencí omáčky spokojeni, přidejte na pánev scezené vaječné nudle. Vhoďte nudle, aby se obalily v teriyaki omáčce, poté přidejte mrkev a brokolici a promíchejte, aby se spojily.

g) Rozdělte teriyaki nudle mezi 4 krabičky na přípravu jídel, navrch naservírujte křupavé tofu a ozdobte jarní cibulkou. Seřazeno.

39. Veganská lentilka Bolognese

Slouží 4

Ingredience

- 1 polévková lžíce olivového oleje
- 1 cibule (nakrájená na kostičky)
- 2 mrkve (nakrájené na kostičky)
- 2 řapíkatý celer (nakrájený na kostičky)
- 3 stroužky česneku (mleté)
- Koření: sůl a pepř
- 2 lžíce rajčatového protlaku
- 120 g červené čočky (sušina)
- 1 plechovka nakrájených rajčat
- 300 ml vody
- 1 kostka zeleninového vývaru
- Podávejte s: těstovinami penne a čerstvou bazalkou

Pokyny

a) Ve velké pánvi rozehřejte olivový olej a přidejte cibuli. Smažte několik minut, aby změkla, poté přidejte mrkev a promíchejte.

b) Přidejte na kostičky nakrájený celer a vše vařte 5 minut, než přidáte nasekaný česnek a nakrájené houby. Promíchejte, aby se všechny ingredience v pánvi spojily, bohatě okořeňte a vařte další 2-3 minuty, dokud houby nezhnědnou.

c) Dále vmícháme rajčatový protlak, poté červenou čočku a nakrájená rajčata.

d) Opatrně přidejte vodu do pánve, ujistěte se, že je vše zakryté, a poté vmíchejte kostku zeleninového vývaru. Na mírném ohni nechte 20 minut probublávat, dokud čočka nevsákne většinu vody a nezdvojnásobí svůj objem.

e) Ihned podávejte na lůžku z čerstvě uvařených těstovin nebo špaget a ozdobte čerstvou bazalkou.

f) Všechny zbývající porce naporcujte do nádob na přípravu jídla a vychutnejte si je později v týdnu.

40. Snídaně burritos na celý týden

Vyrábí: 5

Ingredience

- 150 g dlouhozrnné nebo hnědé rýže (suchá hmotnost)
- 100 g nakrájených rajčat v konzervě
- 1 velká bílá cibule (jemně nakrájená)
- 10 středních vajec nebo 250 ml tekutého bílku
- 10 vepřových párků se sníženým obsahem tuku (nakrájených na 1 cm kostky)
- 125 g čedaru se sníženým obsahem tuku nebo sýr na mexický způsob (strouhaný)
- 250 g konzervovaných černých fazolí
- 1 lžička mořské soli, černého pepře a uzené papriky
- 5 celozrnných tortill
- 50 g nakládaných a nakrájených jalapenos

Pokyny

a) Nejprve uvařte rýži. Suchou rýži nasypte do velkého hrnce a zalijte 200 ml studené vody a nakrájenými rajčaty. Přiveďte k varu, poté stáhněte plamen na minimum, přikryjte pokličkou a vařte 10–15 minut, dokud rýže nevsákne všechnu tekutinu.

b) Zatímco čekáte, až se rýže uvaří, uvařte zbytek. Umístěte velkou nepřilnavou pánev na střední až vysokou teplotu s trochou kokosového oleje. Jakmile se kokosový olej rozpustí, přidejte nakrájenou cibuli a opékejte 3-4 minuty, dokud cibule nezačne hnědnout.

c) Přidejte kostky klobásy a černé fazole do pánve s paprikou, solí a pepřem a opékejte další 3-4 minuty do křupava. Po uvaření nalijte do mísy a odstavte a vraťte pánev na oheň.

d) Jakmile je klobásová směs uvařená, orestujte vejce. Vejce rozklepneme do misky s trochou soli a pepře a rozšleháme vidličkou. Nalijte vejce do pánve a smažte 3-4 minuty za míchání.

e) Jakmile jsou všechny komponenty uvařené, sestavte si buřty. Tortilly rozložte naplocho a uvařenou rýži rozdělte doprostřed každé krátké, tlusté čáry, ponechejte prostor kolem okrajů. Navrch přidejte směs klobásy, cibule a černých fazolí, poté vejce, strouhaný sýr a nakonec jalapeños.

f) Nyní složte buřty. Strany každé tortilly přeložte přes střed směsi a poté přehněte spodní okraj pevně až ke středu. Zabalenou směs pevně srolujte směrem nahoru k jedinému otevřenému okraji a pokračujte v rolování, dokud nebudete mít buřt těsné.

g) Čas zmrazit burritos. Každé burrito pevně zabalte do potravinářské fólie a vložte je do mrazáku.

h) Až budete připraveni sníst zdravé burrito, jednoduše burrito rozbalte a zabalte do kousku kuchyňské utěrky a poté vložte do mikrovlnky na cca. 2 minuty nebo do zahřátí. Pokud chcete, přidejte polovinu avokáda po rozehřátí.

41. Sklenice Burrito

Ingredience

- 4 kuřecí prsa
- 1 lžička kokosového oleje
- 4 rajčata (jemně nakrájená)
- 1 červená cibule (jemně nakrájená)
- Špetka soli a pepře
- 1 limetka (odšťavněná)
- 4 sáčky (400 g) Zero Rice
- 1 200 g plechovky cukrové kukuřice (scezené)
- 2 avokáda
- 2 hlavy malý drahokamový salát (nakrájený)
- 8 polévkových lžic zakysané smetany
- Jarní cibulka na ozdobu

Pokyny

a) Kuřecí prsa nakrájíme na kostičky, okořeníme a smažíme na středním plameni s trochou kokosového oleje, dokud nejsou zcela propečené. Vyjměte a nechte vychladnout.

b) Uvařte rýži. Opláchněte pod studenou vodou a poté vařte buď 1 minutu v mikrovlnné troubě, nebo 2–3 minuty na pánvi. Odstavte a nechte trochu vychladnout.

c) Sestavte si zednické sklenice. Rozdělte a přidejte nakrájená rajčata a cibuli, limetkovou šťávu a trochu soli a pepře a promíchejte. Do každé sklenice přidejte 2 polévkové lžíce zakysané smetany. Tím, že přidáte nejdříve tekutinu, nezískáte po pár dnech v lednici rozmočený salát.

d) Kukuřici rozdělte do sklenic, poté přidejte rýži, kuřecí maso, avokádo, malé listy salátu a nakonec sýr. Zašroubujte víko a vychutnejte si zdravé obědy za 4 dny!

42. Špičkové plněné papriky s vysokým obsahem bílkovin 4 způsoby

Ingredience

- Odstraňte 2 velké papriky, vršky a semínka
- 50 g dlouhozrnné rýže, vařené
- 1 kuřecí prso (vařené a nakrájené)
- 2 lžíce rajčatové salsy
- 50 g černých fazolí
- 1 sáček fajita koření (nebo si vytvořte vlastní, smíchejte $\frac{1}{2}$ lžičky papriky, $\frac{1}{2}$ lžičky cibulového prášku, $\frac{1}{2}$ lžičky česnekového prášku, $\frac{1}{4}$ lžičky soli, $\frac{1}{4}$ lžičky pepře)
- Hrst nakládaných jalapenos + 1 polévková lžíce solanky
- Panenka zakysaná smetana

Pokyny

a) Smíchejte vařenou rýži, kuřecí maso, salsu, černé fazole a koření v misce a lžící přidejte do paprik.

b) Pečte při 180 °C 20 minut, poté posypte zakysanou smetanou a extra jalapeňos.

43. Italské kuřecí masové kuličky se špagetami

Podává: 4

Ingredience:

- 1 lb mletých kuřecích prsou
- 1 lněné vejce (1 lžíce mletého lněného semínka + 1 lžíce vody)
- 1 lžíce nasekané čerstvé bazalky
- 1 lžíce nasekané čerstvé italské petrželky
- ½ lžičky sušeného oregana
- ¼ lžičky cibulového prášku
- ¼ lžičky česnekového prášku

Na rajčatovou omáčku

- 2 (15 oz) plechovky rajčatové omáčky bez přidané soli
- ¾ šálku kalifornských zralých černých oliv, nakrájených na plátky
- 1 lžíce kapary
- 1 lžička mletého česneku
- 1 středně sladká cibule, nakrájená na kostičky
- 1½ šálku nakrájených žampionů

- ½ lžičky černého pepře
- ½ lžičky sušeného tymiánu
- ½ lžičky sušeného rozmarýnu, drceného
- ⅓ lžičky sušené majoránky
- 1 lžíce nasekané čerstvé bazalky
- 1 lžíce nasekané čerstvé italské petrželky

Na špagety

- 4 velké sladké brambory (spiralizované)

Pokyny:

Na kuřecí karbanátky:

a) Předehřejte troubu na 350 °F.

b) Připravte si lněné vejce do malé misky a dejte stranou, aby gel.

c) Ve velké míse smíchejte mleté kuře, bylinky, koření a lněné vejce. Dobře promíchejte, aby se spojily.

d) Velký pekáč vymažte tukem a vytvarujte 12-14 masových kuliček, které rovnoměrně položte na pánev.

e) Pečte 30 minut nebo dokud není kuře důkladně propečené.

Na rajčatovou omáčku:

f) Jednoduše přidejte všechny ingredience omáčky do velkého polévkového hrnce a vařte 10 minut. Přidejte kuřecí karbanátky a vařte dalších 5 minut.

Na špagety:

g) Jednoduše své sladké brambory spirálovitě upravte (1 na osobu, takže budou stačit 4 brambory) pomocí čepele C.

h) Spiralizované brambory přidejte do misky vhodné do mikrovlnné trouby s několika lžícemi vody a vařte v mikrovlnné troubě po dobu 3–5 minut, dokud nebudou mírně měkké.

i) Na špagety podávejte masové kuličky a omáčku a užívejte si!

44. Středomořské krůtí masové kuličky s Tzatziki

Počet porcí: 50

Ingredience:

- 2 libry mletého krocana
- 2 lžíce olivového oleje
- 1 střední cibule, jemně nakrájená
- Špetka soli
- 1 střední cuketa, nastrouhaná
- 1½ lžíce kapar, nakrájených
- ½ šálku sušených rajčat, nakrájených
- 2 plátky celozrnného chleba (nebo bílého chleba)
- ½ šálku petrželky
- 1 vejce
- 1 velký stroužek česneku, nasekaný nadrobno
- ½ lžičky košer soli
- ½ lžičky černého pepře
- 1 lžíce worcesterské omáčky
- ½ šálku strouhaného nebo strouhaného parmazánu

- 2 lžíce jemně nasekané čerstvé máty

Na omáčku tzatziky

- 8 uncí nízkotučného bílého jogurtu
- 1 velký stroužek česneku, nasekaný
- 1 citron, nastrouhaný
- 1 lžíce čerstvé máty
- ½ okurky, oloupané

Pokyny:

a) Předehřejte troubu na 375 stupňů. Připravte si dva plechy na pečení tak, že je vyložíte alobalem a postříkáte zeleninovým sprejem.

b) Na střední pánvi rozehřejte 1 lžíci olivového oleje na středně vysokou teplotu. Přidejte cibuli a špetku soli a vařte, dokud nebude průhledná. Přesuňte cibuli do velké mísy.

c) Přidejte zbývající lžíci olivového oleje na pánev a přidejte nastrouhanou cuketu. Posypte špetkou soli a vařte, dokud cuketa nezvadne a nezměkne – asi 5 minut. Přeneste cuketu do mísy s cibulí. Přidejte kapary a sušená rajčata a promíchejte, aby se spojily.

d) Vložte chléb do mísy mini přípravného kuchyňského robotu a pulzujte, dokud nezískáte jemnou strouhanku. Přidejte petržel a několikrát promíchejte, dokud petržel není nasekaná a dobře spojená se strouhankou. Přeneste strouhanku do mísy. Do mísy přidejte vejce, česnek, košer sůl, černý pepř, worcesterskou omáčku, parmazán a mátu a promíchejte.

e) Přidejte krůtí maso a rukama zapracujte krůtu do pojiva, dokud se dobře nespojí. Naberte lžíci krůtí směsi a válejte ji mezi rukama, abyste vytvořili masovou kouli. Umístěte masové kuličky na plech asi 1 palec od sebe. Pečte 20–25 minut, dokud lehce nezhnědne a nepropeče.

f) Mezitím připravte omáčku tzatziky: V malé misce smíchejte česnek, citron, mátu a okurku a směs promíchejte. Přidejte jogurt a míchejte, aby se spojil. Zakryjte a ochlaďte, dokud nebudete připraveni k podávání.

g) Masové kuličky přendejte na talíř a tzatziky podávejte stranou.

45. Veggie a hovězí masové kuličky Marinara

Podává: 9

Ingredience:

- 6 lžiček olivového oleje, rozdělených
- 4 stroužky česneku, nakrájené na plátky, rozdělené
- 1 (28 uncí) plechovka drcených rajčat
- 1 lžička soli, rozdělená
- 1 lžička cukru
- 1 čajová lžička drcených vloček červené papriky, rozdělená, volitelné
- 1 malá cuketa, nakrájená nahrubo
- 1 střední mrkev, hrubě nakrájená
- ½ malé žluté cibule, nakrájené nahrubo
- ¼ šálku petrželové natě a další na ozdobu
- 1 libra libového hovězího masa
- ½ šálku ovsa
- ½ šálku strouhaného parmazánu a více na ozdobu
- 1 velké vejce, rozšlehané

Pokyny:

a) Předehřejte brojlery na vysokou. Ujistěte se, že rošt trouby je asi 4 palce pod zdrojem tepla. Povrch vymazaného plechu potřete 1 lžičkou olivového oleje.

b) Ve velkém hrnci na omáčku zahřejte zbývajících 5 lžiček olivového oleje na středním plameni. Přidejte dva stroužky česneku a vařte dozlatova, asi 3 minuty. Přidejte rajčata, ½ lžičky soli, cukru a ½ lžičky vloček červené papriky (pokud chcete). Přiveďte k varu, snižte teplotu a přikryté vařte 10 minut.

c) Mezitím v kuchyňském robotu smíchejte cuketu, mrkev, cibuli, zbývající česnek a petržel. Pulsujte na jemno nasekané. Přeneste zeleninovou směs do velké mísy. Přidejte hovězí maso, oves, parmazán, zbývající sůl, zbývající vločky červené papriky (pokud chcete) a vejce. Dobře promíchejte.

d) Ze směsi tvarujte masové kuličky o průměru 1,5 palce. Rovnoměrně rozložte na připravený plech. Grilujte, dokud vršek masových kuliček nezhnědne, asi 5 minut.

e) Opatrně přesuňte masové kuličky do hrnce na omáčku a pokračujte ve vaření zakryté 10 minut nebo dokud nebudou masové kuličky propečené. Odstraňte z tepla.

f) Podáváme jako předkrm nebo přes uvařené špagety jako hlavní chod. Podle potřeby ozdobte další petrželkou a parmazánem.

46. Medové grilované kuřecí masové kuličky

Podává: 4

Ingredience:

Na masové kuličky

- 1 lb mletého kuřete
- 1 hrnek strouhanky
- ¼ šálku na tenké plátky nakrájené zelené cibule
- 2 velká vejce, rozšlehaná
- 2 lžíce nasekané čerstvé plocholisté petrželky
- 1 lžička mletého česneku
- ½ lžičky soli
- ¼ lžičky mletého černého pepře

Na barbeque omáčku

- 1 (8 oz.) plechovka rajčatové omáčky
- ¼ šálku medu
- 1 lžíce worcesterské omáčky
- 1 lžíce červeného vinného octa
- ½ lžičky česnekového prášku

- ½ lžičky soli
- ⅛ lžičky mletého černého pepře

Pokyny:

a) Předehřejte troubu na 400 stupňů F. Plech vyložte hliníkovou fólií a postříkejte sprejem na vaření.

b) Připravte si masové kuličky. Do velké mísy přidejte všechny ingredience na karbanátky a zlehka promíchejte rukama. Nepřemixujte, vzniknou tak tuhé karbanátky.

c) Rukama vyválejte 12-14 masových kuliček velikosti golfového míčku a rozložte je na plech.

d) Pečte 15 minut, nebo dokud nejsou masové kuličky propečené.

e) Mezitím si připravte barbeque omáčku. Ve střední misce prošlehejte všechny ingredience omáčky, dokud se dobře nespojí. Přeneste omáčku do velkého hrnce na omáčku. Nastavte plamen na středně vysoký a nechte vařit 7-8 minut za občasného míchání. Omáčka začne houstnout.

f) Snižte teplotu na minimum. Uvařené karbanátky přidejte do omáčky a jemně promíchejte, aby se karbanátky obalily. Masové kuličky necháme v omáčce 5 minut za občasného promíchání provařit.

47. Krůtí karbanátky ze sladkých brambor

Podává: 16

Ingredience:

- 1 libra libového mletého krůtího masa
- 1 šálek vařených, šťouchaných sladkých brambor
- 1 vejce
- 2 stroužky česneku, mleté
- 1 - 2 jalapenos, mleté
- 1/2 šálku mandlové moučky (nebo strouhanky)
- 1/2 šálku cibule, nakrájené na kostičky
- 2 proužky slaniny, nakrájené na kostičky

Pokyny:

a) Smíchejte všechny ingredience ve velké míse.

b) Dobře promícháme a tvoříme kuličky (já jich udělala asi 16).

c) Pečte na 400 stupňů po dobu 18-20 minut (nebo dokud vnitřní teplota nedosáhne 165 stupňů), jednou otočte.

48. Snadný mexický cizrnový salát

Slouží 4.

Ingredience

- 19oz plechovka cizrny, opláchnutá a okapaná
- 1 velké rajče, nakrájené
- 3 celé zelené cibule, nakrájené NEBO hrnek červené cibule nakrájené na kostičky
- 1/4 šálku jemně nasekaného koriandru (čerstvého koriandru)
- 1 avokádo, nakrájené na kostičky (volitelné)
- 2 polévkové lžíce rostlinného nebo olivového oleje
- 1 polévková lžíce citronové šťávy
- 1 lžička kmínu
- 1/4 lžičky chilli prášek
- 1/4 lžičky soli

Pokyny

a) V misce prošlehejte olej, citronovou šťávu, kmín, chilli a sůl.

b) Přidejte cizrnu, rajčata, cibuli, koriandr a míchejte, dokud se nespojí.

c) Pokud používáte avokádo, přidejte těsně před podáváním. Lze uchovávat v chladničce až 2 dny.

49. Tofu a špenátové Cannelloni

Podává 3-4

Ingredience

- 8 nudlí cannelloni/manicotti (v případě potřeby bezlepkové), uvařených al dente
- 1 16 uncí sklenice vaší oblíbené omáčky na těstoviny
- 2 polévkové lžíce olivového oleje
- 1 střední cibule, nakrájená
- 1 1o oz. balíček mraženého špenátu, rozmraženého a nakrájeného – nebo 1 sáček čerstvého baby špenátu nakrájeného
- 16 oz. pevné nebo hedvábné tofu
- 1/2 šálku namočených kešu ořechů, okapaných a jemně mletých (volitelně)
- 1/4 šálku strouhané mrkve (volitelně)
- 2 polévkové lžíce citronové šťávy
- 1 stroužek česneku, nasekaný
- 1 polévková lžíce nutričního droždí
- 1 lžička soli

- 1/4 lžičky černého pepře
- Strouhaný veganský sýr, jako je Daiya (volitelné)

Pokyny

a) V nepřilnavé pánvi orestujte cibuli na oleji, dokud nebude průhledná. Vmíchejte špenát a vypněte oheň.

b) V misce smíchejte tofu, kešu (pokud používáte), mrkev, citronovou šťávu, česnek, nutriční droždí, sůl a pepř.

c) Přidejte špenátovo-cibulovou směs k tofu směsi a míchejte, dokud se dobře nepromísí.

d) Předehřejte troubu na 350 F. Nalijte tenkou vrstvu omáčky na těstoviny na dno pánve 9×133.

e) Naplňte každou uvařenou skořápku náplní pomocí malé lžičky. Naplněné skořápky vyložte na pánev a zalijte zbytkem těstovinové omáčky.

f) Pánev zakryjte fólií, aby skořápky nevyschly.

g) Pečte asi 30 minut, nebo dokud nezačne bublat.

h) Pokud přidáváte veganský sýr, posypte ho na poslední 2 minuty v troubě.

50. Kokosová kari čočková polévka

slouží 4.

Ingredience

- 1 polévková lžíce kokosového oleje (nebo olivového oleje)
- 1 velká cibule, nakrájená
- 2 stroužky česneku, mleté
- 1 polévková lžíce čerstvého zázvoru, mletého
- 2 lžíce rajčatového protlaku (nebo kečupu)
- 2 polévkové lžíce kari
- 1/2 lžičky vloček horké červené papriky
- 4 šálky zeleninového vývaru
- 1 400 ml plechovky kokosového mléka
- 1 400 g konzervy nakrájených rajčat
- 1. 5 šálků suché červené čočky
- 2-3 hrsti nakrájeného kale nebo špenátu
- Sůl a pepř na dochucení
- Obloha: nasekaný koriandr (čerstvý koriandr) a/nebo veganská zakysaná smetana

Pokyny

a) V hrnci rozehřejte kokosový olej na středním plameni a za stáleho míchání smažte cibuli, česnek a zázvor, dokud cibule nebude průsvitná, několik minut.

b) Přidejte rajčatovou pastu (nebo kečup), kari a vločky červené papriky a vařte další minutu.

c) Přidejte zeleninový vývar, kokosové mléko, nakrájená rajčata a čočku. Přikryjte a přiveďte k varu a poté vařte na mírném ohni 20–30 minut, dokud čočka nezměkne. Dochuťte solí a pepřem.

d) {Make-Ahead: Lze vychladit, zmrazit ve vzduchotěsných nádobách a znovu zahřát na středně nízké teplo.}

e) Před podáváním vmíchejte kapustu/špenát a ozdobte koriandrem a/nebo veganskou zakysanou smetanou.

51. Indické kari Quinoa

slouží 4.

Ingredience

- 1 hrnek quinoi, propláchnuté a okapané
- 1 plechovka (400 ml) kokosového mléka
- 1 plechovka (400 ml) nakrájených rajčat
- 3 polévkové lžíce kari
- 2 polévkové lžíce kečupu nebo rajčatového protlaku
- 2 lžíce kokosového oleje (nebo jiného rostlinného oleje)
- 1 velká cibule
- 1 stroužek česneku, nasekaný
- 1 mrkev, nakrájená na kostičky
- 1 plechovka (400g) scezené cizrny
- 2 velké hrsti nakrájeného špenátu nebo kapusty
- 1/2 lžičky drcené červené chilli papričky sůl a pepř koriandr (čerstvý koriandr)

Pokyny

a) Ve středním hrnci smíchejte quinou, kokosové mléko, nakrájená rajčata (se šťávou), kari a kečup/rajčatový protlak a přiveďte k varu. Snižte teplotu na nejnižší stupeň, zakryjte kastrol a vařte, dokud nebude quinoa hotová, asi 15 minut.

b) Zatímco se quinoa vaří: na pánvi rozehřejte olej na středním plameni a za stálého míchání orestujte česnek a cibuli, dokud nebudou průhledné.

c) Přidejte mrkev a pár minut opékejte.

d) Přidejte cizrnu a vařte dalších pár minut.

e) Přidejte špenát/kel a vařte, dokud nezvadne, asi minutu.

f) Zeleninu smícháme s quinoou, dochutíme solí, pepřem a drcenou červenou chilli papričkou a před podáváním ozdobíme koriandrem.

52. Grilovaná zelenina na bílé fazolové kaši

slouží 2.

Ingredience

- 1 červená paprika (kapie), zbavená semínek a nakrájená na čtvrtky
- 1 lilek (lilek), podélně nakrájený
- 2 cukety (cukety), nakrájené podélně
- 2 polévkové lžíce olivového oleje

Pro Mash

- 410g konzervy fazolí, propláchnutých (používám Cannellini nebo bílé fazole)
- 1 stroužek česneku, rozdrcený
- 100 ml zeleninového vývaru
- 1 lžíce nasekaného koriandru (koriandr)
- Klínky citronu k podávání

Pokyny

a) Rozpalte gril. Zeleninu rozložte na grilovací pánev a lehce potřete olejem. Grilujte, dokud lehce nezhnědnou, obraťte je, znovu potřete olejem a poté grilujte do měkka.

b) Mezitím dejte fazole do malé pánve s česnekem a vývarem. Přiveďte k varu a poté vařte odkryté 10 minut.

c) Rozmačkejte šťouchadlem na brambory nahrubo, pokud se vám kaše zdá příliš suchá, přidejte trochu vody nebo více vývaru. Zeleninu rozdělte a rozmačkejte na 2 talíře, pokapejte zbytkem oleje a posypte černým pepřem a koriandrem. Na každý talíř přidáme kolečko citronu a podáváme.

53. Seitan pečený v troubě

Ingredience:

- 1 šálek vitálního pšeničného lepku.
- 3 polévkové lžíce nutričního droždí.
- 1 lžička uzené papriky.
- 1 lžička sušeného tymiánu nebo 1 čerstvý jarní tymián.
- 1 lžička sušeného rozmarýnu.
- 1 polévková lžíce česnekového prášku.
- 1 lžička mořské soli.
- 1/4 lžičky sušené šalvěje.
- 1 polévková lžíce veganské worcesterské omáčky.
- 1 polévková lžíce cukru zdarma BBQ omáčka.
- 2 polévkové lžíce tekuté amino (nebo sójové omáčky).
- 1 šálek zeleninového vývaru.
- 4 šálky zeleninového vývaru, ve kterém se seitan uvaří.

POKYNY:
a) Smíchejte dohromady vaše suché aktivní ingredience v jedné misce a vaše mokré složky v druhé misce.
b) Spojte mokré se suchým a vypracujte "těsto".
c) Toto těsto hněteme asi 5 minut nebo dokud se lepek neaktivuje.

d) Přiveďte asi 4 šálky zeleninového vývaru k varu na středně vysokou teplotu.
e) Většina pokrmů vyžaduje, abyste seitan před vařením zabalili do plastového obalu, ale to jen proto, aby si zachovalo tvar, a zjišťujeme, že máme rádi ten náš rustikální a nabitý chutí zeleninového vývaru.
f) Jednoduše vyválejte seitanové těsto na poleno a vařte v zakrytém hrnci se zeleninovým vývarem 45 minut.
g) Po 45 minutách předehřejte troubu na 350 ° F a pečte seitan na plechu na pečení po dobu 20 minut a po 10 minutách jej otočte.

54. Cizrnové tofu

Ingredience na cizrnové tofu:

- 2 šálky mouky z fazolí garbanzo.
- 1/4 šálku dietního droždí.
- 2 lžičky mletého kmínu.
- 1/2 lžičky česnekového prášku.
- 1 lžička čerstvě mletého černého pepře.
- 1/4 lžičky kajenského pepře.
- 1 polévková lžíce kokosového oleje nebo olivového oleje.
- 1 1/2 lžičky soli.

Na omáčku tahini:

- 1/4 šálku tahini.
- 1 stroužek česneku, nasekaný.
- 1 lžička jablečného octa.
- Čerstvě mletý černý pepř.
- 1 polévková lžíce černých sezamových semínek.

Pokyny:

a) Předehřejte troubu na 400 °F ve velké míse, smíchejte všechny komponenty cizrnového tofu s 3/4 šálku vody a dobře promíchejte.

b) Pekáč vyložte pečicím papírem a naskládejte těsto.

c) Pečte 20 minut, nebo dokud se párátko zapíchnuté do středu neuklidí.

d) Vyjměte z trouby, nechte zcela vychladnout a nakrájejte na malé kousky.

e) V samostatné misce smíchejte aktivní složky tahini omáčky a 2 lžíce vody (pokud je tahini příliš husté, přidejte více vody).

f) Cizrnové tofu podávejte na lůžku z rukoly přelité omáčkou tahini.

55. Dušené tofu

Ingredience:

- 1 cibule, nakrájená na tenké plátky.
- 1 14-uncový blok pevného tofu, nakrájený na 16 čtverců.
- 1 lžíce cukru.
- 1/2 -1 polévková lžíce korejského chilli prášku.
- 3 polévkové lžíce sójové omáčky.
- 4 polévkové lžíce saké.
- 1 jarní cibulka, nakrájená na tenké plátky.
- Opečená sezamová semínka.

Pokyny:

a) Plátky cibule položte na nepřilnavou pánev nebo pánev a položte je na kousky tofu.

b) Smíchejte cukr, korejský chilli prášek, sójovou omáčku a saké. Položte na plátky tofu.

c) Zakryjte pánev poklicí. Zvyšte teplotu a vařte do varu. Zapněte plamen na středně vysoký a vařte dalších 5 minut, několikrát přelévejte omáčkou.

d) Odstraňte víko, otočte oheň zpět na vysoký a vařte, dokud se omáčka skutečně minimalizuje.

e) Vypněte teplo, přendejte na servírovací talíř, ozdobte jarní cibulkou a sezamovými semínky. Ihned podávejte.

56. Pikantní tempeh z arašídového másla

Ingredience:

- 22 oz tempeh, nakrájený na 1-palcové kostky.
- 6,5 oz divoké rýže, syrové.
- Kokosový olej ve spreji.

Omáčka:

- 4 polévkové lžíce arašídového másla.
- 4 polévkové lžíce sójové omáčky (s nízkým obsahem sodíku).
- 4 lžíce kokosového cukru.
- 2 polévkové lžíce červené chilli omáčky.
- 2 lžičky rýžového octa.
- 2 polévkové lžíce zázvoru.
- 3 stroužky česneku (nebo česneková pasta).
- 6 polévkových lžic vody.

Zelí:

- 5 oz fialové zelí, nastrouhané/jemně nakrájené.
- 1 limetka, pouze šťáva.
- 2 lžičky medu bez agáve/jablek.
- 3 lžičky sezamového oleje.

- Obloha:

- Zelená cibule, nakrájená.

Pokyny:

a) Smíchejte všechny ingredience na pikantní arašídovou omáčku.

b) Tempeh nakrájejte na kostky 1 palce (2,5 cm).

c) K tempehu přidejte omáčku, promíchejte, přikryjte a nechte marinovat v lednici 2-3 hodiny nebo nejlépe přes noc. Tempeh je vlastně dobrý v nasávání chutí marinády.

d) Předehřejte troubu na 375 ° F/190 ° C a vařte rýži podle návodu na obalu.

e) Dejte tempeh na nepřilnavou plochou pánev, postříkejte trochou kokosového oleje a pečte v troubě 25-30 minut. Zachovejte zbytky marinády pro podávání.

f) Všechny ingredience na zelí smícháme v míse a necháme marinovat.

57. Salát s uzeným tuňákem z cizrny

Cizrnový tuňák:

- 15 oz. vařená cizrna konzervovaná nebo jinak.
- 2-3 polévkové lžíce nemléčného bílého jogurtu nebo veganské majonézy.
- 2 lžičky dijonské hořčice.
- 1/2 lžičky mletého kmínu.
- 1/2 lžičky uzené papriky.
- 1 polévková lžíce čerstvé citronové šťávy.
- 1 řapíkatý celer nakrájený na kostičky.
- 2 nakrájené jarní cibulky.
- Mořská sůl podle chuti.

Sendvičová sestava:

- 4 kusy žitného chleba nebo naklíčeného pšeničného chleba.
- 1 šálek kojeneckého špenátu.
- 1 avokádo nakrájené na plátky nebo kostky.
- Sůl + pepř.

Pokyny:

a) V kuchyňském robotu rozdrťte cizrnu, dokud nebude připomínat hrubou, drobivou texturu. Lžící cizrnu vložte do středně velké misky a přidejte zbytek aktivních ingrediencí, míchejte, dokud se dobře nespojí. Dochuťte dostatečným množstvím mořské soli podle vlastní chuti.

b) Na každý krajíc chleba navrstvěte baby špenát; přidejte několik hromad cizrnového tuňákového salátu, rovnoměrně rozprostřete. Navrch dejte plátky avokáda, pár zrnek mořské soli a nově mletý pepř.

58. Thajský quinoa salát

Na salát:

- 1/2 šálku vařené quinoa
- 3 lžíce strouhané mrkve.
- 2 polévkové lžíce červené papriky, opatrně nakrájené na plátky.
- 3 polévkové lžíce okurky, jemně nakrájené.
- 1/2 šálku eidamu
- 2 jarní cibulky, nakrájené nadrobno.
- 1/4 šálku červeného zelí, jemně nakrájené.
- 1 polévková lžíce koriandru, opatrně nakrájeného.
- 2 polévkové lžíce pražených arašídů, nasekaných (volitelně).
- Sůl.

Thajský arašídový dresink:

- 1 polévková lžíce krémového přírodního arašídového másla.
- 2 lžičky sojové omáčky s nízkým obsahem soli.
- 1 lžička rýžového octa.
- 1/2 lžičky sezamového oleje.
- 1/2 - 1 lžička omáčky sriracha (volitelně).

- 1 stroužek česneku, pečlivě nasekaný.

- 1/2 lžičky strouhaného zázvoru.

- 1 lžička citronové šťávy.

- 1/2 lžičky agáve nektaru (nebo medu).

Pokyny:

a) Smíchejte všechny ingredience na nošení v malé misce a promíchejte, dokud se dobře nespojí.

b) Quinou spojte se zeleninou v mixovací nádobě. Přidejte dresink a dobře promíchejte, aby se spojil.

c) Nastříkejte navrch pražené arašídy a podávejte!

59. Turecký fazolový salát

Na salát:

- 1 1/2 šálku vařených bílých fazolí.
- 1/2 šálku nakrájených rajčat.
- 1/2 šálku nakrájené okurky.
- 2 zelené papriky, nakrájené na plátky.
- 1/4 šálku nakrájené petrželky.
- 1/4 šálku nasekaného čerstvého kopru.
- 1/4 šálku nakrájené zelené cibule.
- 4 natvrdo uvařená vejce.

Obvaz

- 2 šálky teplé vody.
- 2 červené cibule, nakrájené na tenké plátky.
- 1 polévková lžíce citronové šťávy.
- 1 lžička octa.
- 1 lžička soli.
- 1 lžička sumaku.

Pokyny:

a) Ve velké míse smíchejte všechny komponenty na salát kromě vajec.

b) Na zálivku vyšleháme cokoliv a dáme na salát. Pořádně promíchejte a poklaďte nakrájenými nebo rozpůlenými vejci.

c) Nakrájenou cibuli vhoďte do opravdu horké vody, minutu blanšírujte a přendejte do velmi studené vody, aby se přestalo vařit. Necháme je pár minut ve studené vodě a necháme okapat.

d) Smíchejte citronovou šťávu, sůl, ocet a škumpu a dejte na okapanou cibuli. Vše je připraveno k použití během 5 až 10 minut. Čím déle čeká, tím jasnější barvu má.

e) Do salátové směsi přidejte červenou cibuli a skvěle promíchejte. Navrch si nechte trochu cibule navíc.

f) Salát rozdělte do misek a přidejte ještě červenou cibuli.

60. Misky na zeleninu a quinou

zelenina:

- 4 střední celé mrkve.
- 1 1/2 šálku nakrájených dětských žlutých brambor.
- 2 polévkové lžíce javorového sirupu.
- 2 polévkové lžíce olivového oleje.
- 1 zdravá špetka mořské soli + černého pepře.
- 1 polévková lžíce nakrájeného čerstvého rozmarýnu.
- 2 šálky rozpůlené růžičkové kapusty.

Quinoa:

- 1 hrnek bílé quinoy dobře propláchnuté + okapané.
- 1 3/4 šálku vody.
- 1 špetka mořské soli.

Omáčka:

- 1/2 šálku tahini.
- 1 střední citron, odšťavněný (výtěžky - 3 polévkové lžíce nebo 45 ml).
- 2-3 polévkové lžíce javorového sirupu.

Pro podávání volitelně:

- Čerstvé bylinky (petržel, tymián atd.).
- Granátové jablko arils.

Pokyny:

a) Předehřejte troubu na 400 stupňů F (204 ° C) a vyložte plech pečicím papírem

b) Mrkev a brambory vložte na plech a pokapejte polovinou javorového sirupu, polovinou olivového oleje, solí, pepřem a rozmarýnem. Hodím k integraci. Poté pečte 12 minut.

c) Mezitím rozehřejte pánev na středně vysokou teplotu. Po zahřátí přidejte propláchnutou quinou, aby se lehce orestovala, než přidáte vodu, aby se odpařila zbývající vlhkost a zvýraznila se oříšková chuť.

d) Připravte 2-3 minuty za častého míchání. Přidejte vodu a špetku soli. Nakonec si připravte dresink.

e) Chcete-li podávat, rozdělte quinou a zeleninu mezi servírovací misky a zalijte vydatnou kapkou tahini omáčky. V čele s výběrem ozdob, jako je granátové jablko nebo čerstvé bylinky.

61. Mandlové máslo tofu restujeme

Ingredience

- 1 12 uncový balíček extra firemní tofu.
- 2 polévkové lžíce sezamového oleje (rozděleného).
- 4 polévkové lžíce tamari se sníženým obsahem sodíku
- 3 polévkové lžíce javorového sirupu.
- 2 lžíce mandlového másla
- 2 lžíce limetkové šťávy.
- 1-2 lžičky chilli česnekové omáčky

Zelenina

- Divoká rýže, bílá rýže nebo květáková rýže.

Pokyny:

a) Když je trouba předehřátá, tofu vybalíme a nakrájíme na malé kostičky.

b) Mezitím do malé mixovací nádoby přidejte polovinu sezamového oleje, tamari, javorový sirup, mandlové máslo, limetkovou šťávu a chilli česnekovou omáčku/vločku červené papriky/thajské chilli. Smíchejte pro integraci.

c) Do omáčky s mandlovým máslem a tamari přidejte upečené tofu a za občasného míchání nechte 5 minut marinovat. Čím déle se marinuje, tím je chuť extrémnější, ale zjišťuji, že 5-10 minut je dostačujících.

d) Rozpalte velkou pánev na střední teplotu. Když je horké, přidejte tofu a nechte většinu marinády.

e) Vařte asi 5 minut za občasného míchání, dokud nezezlátne ze všech stran a lehce zkaramelizuje. Vyjměte z pánve a dejte stranou.

f) Do pánve přidejte zbývající sezamový olej z marinády.

62. Quinoa miska buddha z cizrny

Cizrna:

- 1 šálek suché cizrny.
- 1/2 lžičky mořské soli.

Quinoa:

- 1 polévková lžíce olivového, hroznového nebo avokádového oleje (nebo kokosového).
- 1 šálek bílé quinoa (dobře opláchnuté).
- 1 3/4 šálku vody.
- 1 zdravá špetka mořské soli.

Kapusta:

- 1 velké balení kadeřavé kapusty

Tahini omáčka:

- 1/2 šálku tahini.
- 1/4 lžičky mořské soli.
- 1/4 lžičky česnekového prášku.
- 1/4 šálku vody.
- K podávání:
- Čerstvá citronová šťáva.

Pokyny:

a) Buď namočte cizrnu přes noc ve studené vodě, nebo použijte metodu rychlého namáčení: Přidejte propláchnutou cizrnu do velkého hrnce a zakryjte 2 palce vodou. Sceďte, propláchněte a vložte zpět do hrnce.

b) Chcete-li uvařit namočenou cizrnu, přidejte ji do velkého hrnce a zakryjte 2 palci vody. Nechte vařit na vysoké teplotě, poté snižte teplotu na mírný plamen, přidejte sůl a promíchejte a vařte bez pokličky 40 minut – 1 hodinu 20 minut.

c) Ochutnejte fazole po 40 minutách, abyste viděli, jak jsou jemné. Hledáte jednoduše jemné fazole s trochou kousnutí a slupky začnou odhalovat známky loupání. Jakmile budete připraveni, sceďte fazole a dejte stranou a posypte trochou soli.

d) Připravte dresink tak, že do malé mísy přidáte tahini, mořskou sůl a česnekový prášek a prošleháte. Poté po troškách přidávejte vodu, dokud se nevytvoří tekutá omáčka.

e) Přidejte 1/2 palce vody do střední pánve a přiveďte k varu na středním ohni. Okamžitě sundejte kapustu z ohně a přendejte do malé misky k podávání.

63. Seitan parmazán

Ingredience:

- 6 polévkových lžic rozhodujícího pšeničného lepku.
- 1/2 lžičky cibulového prášku.
- 1/4 lžičky drůbežích bylinek.
- 1/4 lžičky soli.
- 1 polévková lžíce tahini.
- 5 lžic veganského kuřecího vývaru.
- 1 veganská vaječná náhražka.
- 6 polévkových lžic mouky.
- 1/4 lžičky cibulového prášku.
- 1/4 lžičky česnekového prášku.
- 1/4 lžičky soli.
- Těstoviny dle výběru.
- Oblíbená omáčka na těstoviny.
- Veganský sýr, k podávání.
- 1 velký para ořech na "parmezán".

Pokyny:

a) Smíchejte: 6 polévkových lžic klíčového pšeničného lepku, 1/2 lžičky cibulového prášku, 1/4 lžičky drůbežích bylinek a 1/4 lžičky soli.

b) Smíchejte v různé misce: 1 polévkovou lžíci tahini a 5 polévkových lžic veganského kuřecího vývaru nebo vody.

c) Spojte řádek 1 a 2, dokud nebudete mít seitanové těsto. Minutu hněteme těsto.

d) Podlijeme vodou nebo vývarem. Po dokončení použijte papírovou utěrku a vytlačte z placičky trochu vody navíc.

e) Udělejte veganské vejce podle pokynů. Použijte trochu vody navíc, abyste vytvořili vaječné těsto na tenčí straně.

f) Připravte směs mouky: 6 lžic mouky, 1/4 cibulového prášku, 1/4 česnekového prášku a 1/4 soli.

g) Namočte seitanovou placičku do mouky, veganského těsta a pak ještě jednou do mouky. Smažte na vysoké/středně vysoké teplotě do zlatohněda.

h) Podávejte s těstovinami, omáčkou a veganským sýrem. Pokud chcete, rozpusťte veganský sýr pod nastavením grilování. Na parmazán opatrně nastrouhejte para ořechy.

64. Placičky z červené čočky

Na rajčatovou omáčku:

- 1 14-uncová plechovka nakrájených rajčat.
- Sprcha agávového sirupu.
- 1 polévková lžíce oleje.
- 1 lžička červeného, bílého vína.
- Chilli, sušené provensálské bylinky a paprikový prášek podle chuti.

Na čočkové placičky:

- 1 šálek suché červené čočky.
- 1 1/2 šálku plus 3 polévkové lžíce vody.
- 1 lžička prášku ze zeleninového vývaru.
- 1 lžička kurkuma.
- 1 cibule, nakrájená na kostičky.
- 1 stroužek česneku, prolisovaný.
- 1/2 lžičky kmínu.
- 1 lněné vejce.
- 2 polévkové lžíce petrželky.
- Sůl a pepř na dochucení.

- Olej, podle potřeby.

Na přípravu rajčatové omáčky:

a) Všechny aktivní ingredience přidejte do hrnce a nechte přejít varem. Snižte teplotu a za občasného míchání vařte asi 30 minut. Zbavte se horka.

Na výrobu čočkových placiček:

b) Smíchejte čočku, vodu, zeleninový vývar a kurkumu v hrnci a přiveďte k varu. Pokud je to nutné, snižte teplotu a vařte, dokud čočka nezměkne a voda se nevstřebá (přidávejte více vody. Pravidelně míchejte.

c) Na druhou stranu si na pánvi opečte cibuli.

d) Předehřejte troubu na 390° F. Plech vyložte pečicím papírem a vymažte olejem.

e) V misce smíchejte čočku, cibuli, česnek, kmín, lněné vejce, petržel, sůl a pepř. Dobře promícháme a necháme mírně vychladnout.

f) Navlhčete ruce vodou, vytvarujte čočkovou placičku a dejte na pečící papír. Potřete trochou oleje.

g) Červenou čočku pečeme asi 20-25 minut a podáváme s rajčatovou omáčkou.

65. Rukolové pesto a cuketa

Ingredience:

- 2 plátky žitného toastu
- 1/2 avokáda.
- 1/2 velké cukety.
- Banda řeřichy .
- 1 stroužek česneku.
- Na rukolové pesto:
- 2 velké hrsti rukoly.
- 1 šálek piniových oříšků (nebo jakéhokoli ořechu).
- 1 velká hrst špenátu.
- Šťáva z 1 limetky.
- 1 lžička mořské soli.
- 3 lžíce olivového oleje.

Pokyny:

a) Začněte přípravou rukolového pesta vložením všech ingrediencí do mlýnku na potraviny a šlehejte, dokud nebude pesto sametové a hladké.

b) Cuketu orestujte tak, že ji nejprve nakrájíte na velmi tenké vodorovné kousky. Na malé pánvi rozehřejte na středním plameni nahrubo nakrájený stroužek česneku, olivový olej, posypte mořskou solí a pár kapkami vody.

c) Pokud cuketa během vaření začne vysychat, vložte cuketu a restujte 7 minut – pomalu zalévejte vodu.

d) Opečte chléb, poté rozložte pesto po celém toastu, přidejte cuketu a nakrájené avokádo a na závěr řeřichu!

66. Vegetariánský kastrol

Ingredience:

- 1 polévková lžíce olivového nebo řepkového oleje.
- 1 cibule, pečlivě nakrájená.
- 3 stroužky česneku, nakrájené na plátky.
- 1 lžička uzené papriky.
- 1/2 lžičky mletého kmínu.
- 1 polévková lžíce sušeného tymiánu.
- 3 střední mrkve, nakrájené na plátky.
- 2 střední celerové tyčinky, jemně nakrájené
- 1 červená paprika, nakrájená.
- 1 žlutá paprika, nakrájená na plátky.
- 2 x 400 g konzervy rajčat nebo loupaných cherry rajčat.
- 1 kostka zeleninového vývaru do 250 ml
- 2 cukety, nakrájené na silné plátky
- 2 snítky čerstvého tymiánu.
- 250 g vařené čočky.

Pokyny:

a) Zahřejte 1 polévkovou lžíci olivového nebo řepkového oleje v obrovském, ohromujícím talíři. Přidejte 1 najemno nakrájenou cibuli a vařte 5 – 10 minut, dokud nezměkne.

b) Přidejte 3 nakrájené stroužky česneku, 1 lžičku uzené papriky, 1/2 lžičky mletého kmínu, 1 lžíci sušeného tymiánu, 3 nakrájené mrkve, 2 najemno nakrájené celerové tyčinky, 1 nakrájenou červenou papriku a 1 nasekanou žlutou papriku a vařte 5 minut.

c) Přidejte dvě 400g sklenice rajčat, 250 ml zeleninového vývaru (vyrobeno z 1 vývaru), 2 silně nakrájené cukety a 2 snítky nového tymiánu a vařte 20 - 25 minut.

d) Vyjměte snítky tymiánu. Vmícháme 250 g uvařené čočky a dáme zpět k dušení. Podávejte s divokou a bílou rýží basmati, squashem nebo quinoou.

67. Pečená růžičková kapusta

Ingredience:

- 1 lb růžičkové kapusty, nakrájené na polovinu.
- 1 šalotka, nakrájená.
- 1 polévková lžíce olivového oleje.
- Sůl a pepř na dochucení.
- 2 lžičky balzamikového octa.
- 1/4 šálku semínek granátového jablka.
- 1/4 šálku kozího sýra, rozdrobený.

Pokyny:

a) Předehřejte si troubu na 400° F. Namažte růžičkovou kapustu olejem. Posypte solí a pepřem.

b) Přendejte do pekáče. Pečeme v troubě 20 minut.

c) Pokapejte octem.

d) Před podáváním posypte semínky a sýrem.

68. Avokádový cizrnový sendvič

Ingredience:

- 1 může žádná sůl přidaná cizrna vypuštěné potrubí a opláchnout.
- 1 velké zralé avokádo.
- 1 1/2 lžíce citronové šťávy.
- 1/2 lžičky pálivé chilli papričky jemně nasekané.
- Sůl a pepř.
- 4 plátky celozrnného vyrostlého chleba.
- 1 velké pokladové rajče nakrájené na plátky.
- 1/2 šálku sladkých microgreens.
- 1/2 šálku nastrouhané mrkve.
- 1/2 šálku připravené a nakrájené řepy.

Pokyny:

a) V misce rozmačkejte avokádo, dokud nebude relativně hladké, přidejte citronovou šťávu, feferonku a cizrnu. Dochuťte solí a pepřem.

b) Chcete-li sendvič sestavit, navrstvěte plátky rajčat na jeden krajíc chleba, přidejte microgreens, červenou řepu, cizrnový salát a mrkev. Užívat si!

69. Quinoa na pánvi

Ingredience:

- 1 šálek sladkých brambor, nakrájených na kostky.
- 1/2 šálku vody.
- 1 polévková lžíce olivového oleje.
- 1 cibule, nakrájená.
- 3 stroužky česneku, nasekané.
- 1 lžička mletého kmínu.
- 1 lžička mletého koriandru.
- 1/2 lžičky chilli prášek.
- 1/2 lžičky sušeného oregana.
- 15 uncí černých fazolí, propláchnutých a scezených.
- 15 uncí pečených rajčat.
- 1 1/4 šálku zeleninového vývaru.
- 1 šálek mražené kukuřice 1 šálek quinoa (nevařené).
- Sůl podle chuti.
- 1/2 šálku světlé zakysané smetany.
- 1/2 šálku čerstvých listů koriandru.

Pokyny:

a) Přidejte vodu a sladké brambory do pánve na středním plameni. Přivést k varu.

b) Snižte teplotu a vařte, dokud batáty nezměknou.

c) Přidejte olej a cibuli.

d) Vařte 3 minuty. Vmíchejte česnek a koření a vařte 1 minutu.

e) Přidejte zbytek ingrediencí kromě zakysané smetany a koriandru. Vařte 20 minut.

f) Podávejte se zakysanou smetanou a před podáváním posypte koriandrem.

70. Lepkavé tofu s nudlemi

Ingredience:

- 1/2 velké okurky.
- 100 ml rýžového červeného vinného octa.
- 2 polévkové lžíce zlatého moučkového cukru.
- 100 ml rostlinného oleje.
- 200 g balení firemního tofu nakrájeného na 3 cm kostky.
- 2 polévkové lžíce javorového sirupu.
- 4 polévkové lžíce hnědé nebo bílé miso pasty.
- 30 g bílých sezamových semínek.
- 250 g sušených soba nudlí.
- 2 jarní cibulky, nakrájené, k podávání.

Pokyny:

a) Pomocí škrabky odřízněte z okurky tenké proužky a nechte po nich semínka. Stuhy dejte do misky a dejte stranou. Ocet, cukr, 1/4 lžičky soli a 100 ml vody jemně zahřejte na pánvi na středním plameni po dobu 3-5 minut, dokud cukr nezkapalní, poté nalijte na okurky a nechte nakládat v lednici, zatímco budete připravovat tofu. .

b) Vše, kromě 1 polévkové lžíce, rozehřejte na velké nepřilnavé pánvi na střední teplotu, dokud nezačnou na povrch stoupat bublinky. Přidejte tofu a smažte 7-10 minut.

c) V malé misce smíchejte med a miso. Sezamová semínka rozprostřete na talíř. Opečené tofu potřeme lepkavou medovou omáčkou a případné zbytky dáme stranou. Tofu rovnoměrně obalíme v semínkách, posypeme trochou soli a necháme na teplém místě.

d) Připravte si nudle a promíchejte je se zbytkem oleje, zbylou omáčkou a 1 lžící tekutiny na nakládání okurek. Vařte 3 minuty, dokud se neprohřeje.

71. Veganské BBQ teriyaki tofu

Ingredience:

- 4 polévkové lžíce sojové omáčky s nízkým obsahem soli.
- 2 polévkové lžíce měkkého hnědého cukru.
- Špetka mletého zázvoru.
- 2 polévkové lžíce mirin.
- 3 lžičky sezamového oleje.
- 350 g bloku extrémně pevného tofu (viz tip níže) nakrájeného na silné plátky.
- 1/2 polévkové lžíce řepkového oleje.
- 2 cukety nakrájené vodorovně na proužky.
- 200 g jemné stonkové brokolice.
- Bílá a černá sezamová semínka, k podávání.

Pokyny:

a) Sojovou omáčku, měkký hnědý cukr, zázvor a mirin smícháme s 1 lžičkou sezamového oleje a potřeme jím celé kousky tofu. Vložte je do velkého, mělkého jídla a přelijte zbývající marinádou. Chlaďte alespoň 1 hodinu.

b) Zahřejte gril, dokud uhlíky nezbělají, nebo rozpalte pánev. Zbylý sezamový olej smíchejte s řepkovým olejem a potřete plátky cukety a brokolicí. Grilujte je (nebo grilujte) na uhlí po dobu 7-10 minut, nebo dokud nebudou bolet, a poté je uložte a udržujte v teple.

c) Kousky tofu opékejte z obou stran na uhlí 5 minut (nebo použijte pánev), dokud nezhnědnou a nebudou na okrajích křupavé. Tofu podávejte na zeleninovém lůžku se zbývající marinádou a posypte sezamovými semínky.

72. Klíčky se zelenými fazolkami

Ingredience:

- 600 g růžičkové kapusty, nakrájené na čtvrtky.
- 600 g zelených fazolek.
- 1 polévková lžíce olivového oleje.
- Kůra a šťáva z 1 citronu.
- 4 polévkové lžíce pražených piniových oříšků.

Pokyny:

a) Vařte několik sekund, poté přidejte zeleninu a za stálého míchání smažte 3-4 minuty, dokud klíčky trochu nezbarví.

b) Přidejte šťávu z citronu a podle chuti sůl a pepř.

73. Krustované tofu s ředkvičkou

Ingredience:

- 200 g pevného tofu.
- 2 polévkové lžíce sezamových semínek.
- 1 polévková lžíce japonského shichimi togarashi.
- Směs koření.
- 1/2 lžíce kukuřičné mouky.
- 1 polévková lžíce sezamového oleje.
- 1 polévková lžíce rostlinného oleje.
- 200 g jemné stonkové brokolice.
- 100 g cukrového hrachu.
- 4 ředkvičky, velmi jemně nakrájené.
- 2 jarní cibulky, opatrně nakrájené na plátky.
- 3 kumquaty, velmi jemně nakrájené.
- Na dresink
- 2 polévkové lžíce japonské sójové omáčky s nízkým obsahem soli.
- 2 polévkové lžíce šťávy yuzu (nebo 1 polévková lžíce každé šťávy z limetky a grapefruitu).
- 1 lžička zlatého moučkového cukru.

- 1 malá šalotka, nakrájená na jemné kostičky.
- 1 lžička strouhaného zázvoru.

Pokyny:

a) Tofu rozkrojte napůl, dobře zakryjte kuchyňským papírem a položte na talíř. Nahoru položte těžkou pánev, abyste z ní vymáčkli vodu.

b) V misce smíchejte sezamová semínka, japonskou směs koření a kukuřičnou mouku. Nastříkejte na tofu, dokud nebude dobře vrstvené. Dát stranou.

c) V malé misce smícháme ingredience na zálivku. Přiveďte k varu pánev s vodou na zeleninu a na velké pánvi rozehřejte dva oleje.

d) Když je pánev velmi rozpálená, přidejte tofu a opékejte asi 1 minutu z každé strany nahoru, dokud nezzlátne.

e) Když se voda vaří, připravte brokolici a cukrový hrášek na 2-3 minuty.

74. Čočkové lasagne

Ingredience:

- 1 polévková lžíce olivového oleje.
- 1 cibule, nakrájená.
- 1 mrkev, nakrájená.
- 1 celerová tyčinka, nakrájená.
- 1 stroužek česneku, rozmačkaný.
- 2 x 400 g plechovky čočky, okapané, propláchnuté.
- 1 polévková lžíce kukuřičné mouky.
- 400 g plechovky nakrájených rajčat.
- 1 lžička houbového kečupu.
- 1 lžička nakrájeného oregana (nebo 1 lžička sušeného).
- 1 lžička prášku ze zeleninového vývaru.
- 2 hlavičky květáku, nalámané na růžičky.
- 2 polévkové lžíce neslazeného sójového mléka.
- Špetka nově nastrouhaného muškátového oříšku.
- 9 plátků sušených lasagní bez vajec.

Pokyny:

a) Na pánvi rozehřejte olej, přidejte mrkev, celer a cibuli a opatrně připravujte 10–15 minut do změknutí. Přidejte česnek, pár minut povařte, poté vmíchejte čočku a kukuřičnou mouku.

b) Přidejte rajčata a plechovku plnou vody, houbový šrot, oregano, vývar a trochu koření. Vařte 15 minut za občasného míchání.

c) Květák vařte v hrnci s vroucí vodou po dobu 10 minut nebo do změknutí. Vypusťte potrubí a poté rozmixujte na kaši se sójovým mlékem pomocí ručního mixéru nebo mlýnku na potraviny. Dobře osolte a přidejte muškátový oříšek.

d) Přidejte další 3. čočkové směsi, navrch rozprostřete třetinu květákového pyré a poté vrstvu těstovin. Navrch dejte poslední třetinu čočky a lasagní, poté zbylé pyré.

e) Volně přikryjte alobalem a pečte 35–45 minut, na posledních 10 minut alobalu odstraňte.

75. Čočkové karbanátky

Na masové kuličky:

- 3/4 šálku sušené hnědé a zelené nebo francouzské čočky.

- 1 1/2 šálku zeleninového vývaru s nízkým obsahem sodíku - nebo kuřecího vývaru, plus navíc podle potřeby.

- 2 lžičky olivového oleje.

- 1/2 šálku nakrájené žluté cibule - asi 1/2 střední cibule.

- 1 hrnek nastrouhané mrkve.

- 2 stroužky česneku - nasekané (asi 2 lžičky).

- 1/2 šálku staromódního rolovaného ovsa – nebo ovsa na rychlé vaření, nepoužívejte okamžité nebo ocelové řezy.

- 1/4 šálku nasekané čerstvé italské petrželky.

- 1 1/2 polévkové lžíce rajčatové pasty.

- 1 lžička sušeného oregana.

- 1/2 lžičky košer soli.

- 1/4 lžičky černého pepře.

- 1 velké vejce.

a) Připravte si celozrnné těstovinové nudle cuketové nudle nebo batátové nudle..

b) Propláchnutou čočku přidejte do středního hrnce se zeleninovým vývarem.

c) Na oleji orestujte cibuli, česnek a mrkev.

d) Oves a petržel několikrát rozdrťte, aby se oves začal lámat. Přidejte připravenou čočku, cibulovou směs, rajčatový protlak, oregano, sůl a pepř a poté rozklepněte vejce. Několikrát ještě pulzujte, dokud se směs nespojí, ale čočka má stále nějakou texturu.

e) Čočkovou směs válejte do kuliček o průměru zhruba 1 1/2 palce, přibližně velikosti golfového míčku. Vařte 10 minut.

76. Vepřové medailonky v oříškové krustě

Ingredience

- 10 uncí vepřové panenky, nakrájené na ½ palce tlustá kolečka
- 1 lžička dijonské hořčice
- ½ šálku jemně nasekaných lískových ořechů
- 2 lžíce nasekané čerstvé bazalky
- Sůl a čerstvě mletý černý pepř podle chuti
- 2 lžíce olivového oleje
- 1 šálek kuřecího vývaru s nízkým obsahem sodíku
- ¼ šálku půl a půl smetany
- 1 hrnek nakrájené řepy, okapané

a) Pomocí paličky nebo drtiče na maso rozklepejte každé vepřové maso mezi listy voskového papíru do tloušťky ¼ palce. V misce smíchejte hořčici, lískové ořechy, bazalku a sůl a pepř.

b) Vepřové medailonky oloupeme hořčičnou směsí a dáme stranou. Zahřívejte suchou pánev po dobu 2 minut, poté přidejte olej a zahřívejte na středně vysoké teplotě po dobu 1 minuty. Přidejte vydlabané vepřové medailonky a opékejte 30 sekund až 1 minutu z každé strany, dokud ořechy lehce nezhnědnou (vepřové se v omáčce uvaří).

c) Vyjměte medailonky z pánve a udržujte v teple. Přidejte vývar do pánve a deglazujte, seškrábejte všechny hnědé kousky, které ulpívají na dně. Vmíchejte smetanu a vařte ještě 3 minuty. Vraťte medailonky do omáčky a vařte ještě 2 minuty.

d) Plátky řepy rozložte na dva talíře. Každý medailonek položte na plátek řepy a podávejte najednou.

77. Vepřové kotlety s chutí

ZÁLIBA

- ¼ šálku nakrájených švestkových rajčat
- ¼ šálku nakrájené červené cibule
- 2 lžíce červeného vinného octa
- 2 lžíce extra panenského olivového oleje
- 1 stroužek česneku, nasekaný
- 2 lžíce nasekané čerstvé bazalky
- 1 lžička sušeného oregana
- ½ lžičky soli
- Čerstvě mletý černý pepř podle chuti

MARINÁDA

- 2 lžíce červeného vinného octa
- 2 lžíce olivového oleje
- 1 stroužek česneku, nasekaný
- Dvě 10-uncové tlusté vepřové kotlety
- Sůl a čerstvě mletý černý pepř podle chuti
- 2 lžíce rostlinného oleje nasekané čerstvé ploché listové petrželky

- Čerstvé parmazánové kadeře na ozdobu

a) Ingredience na dochucení vhoďte do malé misky. Dejte to stranou.

b) V mělké zapékací misce prošlehejte marinádovou směs. Vepřové kotlety vložte do marinády, otočte, aby se obalily z obou stran, a nechte 10 minut stát. Nyní kotlety vyjměte z marinády a slijte přebytek. Kotlety vydatně osolte a opepřete.

c) Předehřejte suchou litinovou pánev po dobu 3 minut na vysokou teplotu. Přidejte rostlinný olej a zahřívejte ještě 1 minutu. Kotlety vložte do rozpáleného oleje a opékejte na střední stupeň, 3 až 4 minuty z každé strany nebo do požadovaného stupně propečení.

d) Kotlety položte na talíř, navrch poklaďte ochucovadlem, nasekanou petrželkou a parmazánem. Podávejte najednou.

78. Vepřové maso se špagetovou dýní

Ingredience

- 1 lžička olivového oleje
- 12 uncí vepřové panenky, nakrájené na 1 palec tlusté medailonky
- ½ lžičky košer soli
- ¼ lžičky čerstvě mletého černého pepře
- 1 lžíce mleté šalotky
- 1 šálek suchého červeného vína
- ¼ lžičky kukuřičného škrobu
- Nastrouhaná kůra z ½ citronu plus 2 lžičky čerstvé citronové šťávy
- 1 lžíce celoovocného (bez přidaného cukru) želé z červeného rybízu
- 1 lžička dijonské hořčice
- 2 šálky pečené špagetové dýně

a) Rozpalte velkou pánev na středně vysokou teplotu a poté ji potřete olejem. Mezitím osušíme kousky vepřového masa na papírových utěrkách a dochutíme solí a pepřem. Opékejte do křupava a hněda zvenku a uprostřed již nerůžového, 3 až 4 minuty z každé strany. Přeneste na ohřáté talíře a rezervujte.

b) Přidejte šalotku do pánve a vařte asi 30 sekund. Přidejte víno, přiveďte k varu a snižte na asi ¼ šálku, asi 5 minut. Kukuřičný škrob rozpustíme v citronové šťávě a zašleháme do omáčky. Vařte za stálého míchání, dokud není omáčka hustá a saténová. Sundejte z plotny a vmíchejte želé a hořčici. Ochutnejte a dochuťte solí a pepřem.

c) Chcete-li podávat, vytvořte na každém talíři hnízdo z pečené špagetové dýně a navrch položte vepřové medailonky a omáčkou.

79. Pikantní quinoa falafel

Ingredience:

- 1 šálek vařené quinoa.
- 1 Může garbanzo fazole.
- Polovina malé červené cibule.
- 1 polévková lžíce Tahini.
- 2 lžičky kmínu v prášku.
- 1 lžička koriandrového prášku.
- 1/4 šálku nasekané petrželky.
- 3 stroužky česneku.
- Šťáva z půlky citronu.
- 1 polévková lžíce kokosového oleje.
- 1 polévková lžíce tamari (sójová omáčka GF).
- 1/2 - 1 lžička chilli vloček.
- Příprava mořské soli.

Pokyny:

a) Fazole garbanzo, červenou cibuli, česnek, tahini, chilli vločky, římský kmín, koriandr, citronovou šťávu a sůl vhoďte do mlýnku a 15 sekund zapněte a vypněte, aby se fazole rozmělnily. t pyré je.

b) Ze směsi rukama udělejte malé kuličky (asi 2 lžíce těsta na každou) a dejte na plech.

c) Dejte je na 1 hodinu do lednice.

d) Posypte z obou stran trochou mouky.

e) Ve velké pánvi na středním plameni rozehřejte kokosový olej.

f) Přidejte kuličky falafelu a opékejte 3–5 minut z každé strany.

80. Galette z máslové tykve

Ingredience:

- 1 1/2 hrnku špaldové mouky.
- 6-8 listů šalvěje.
- 1/4 šálku studené vody.
- 6 lžic kokosového oleje.
- Mořská sůl.
- Na náplň:
- 1 polévková lžíce olivového oleje.
- 1/4 červené cibule, nakrájené na tenké plátky.
- 1 polévková lžíce šalvějových listů.
- 1/2 červeného jablka, velmi jemně nakrájené.
- 1/4 máslové dýně, zbavená slupky a nakrájená na velmi jemné plátky.
- 1 polévková lžíce kokosového oleje, rozdělená a rezervovaná na polevu.
- 2 polévkové lžíce šalvěje, vyhrazené pro zálivku.
- Mořská sůl.

Pokyny:

a) Předehřejte troubu na 350 ° F.

b) Vytvořte kůru přidáním mouky, mořské soli a šalvějových lístků do mlýnku. Postupně přidávejte kokosový olej a vodu a pravidelně pulzujte, jak se jemně vmísí do mouky. Pulsujte pouze tak dlouho, dokud se komponenty neintegrují dohromady, přibližně 30 sekund.

c) Mezitím si připravte náplň. V malé pánvi na středně vysoké teplotě rozehřejte olivový olej. Přidejte cibuli, špetku soli, jednu lžičku šalvějových lístků a restujte asi 5 minut. Toto dejte stranou, když těsto vyválejte do kruhu o tloušťce asi 1/4 palce.

d) Smíchejte dýni a jablka v malé misce s kapkou olivového oleje a mořské soli. Přidejte máslovou dýni a plátky jablek na cibuli (jednoduše, jak to vidíte na obrázku).

e) Jemně přehněte okraje kůrky na vnějších stranách tykve.

f) Na galette přidejte malé kousky kokosového oleje spolu s lístky šalvěje a pečte v troubě 20–25 minut, nebo dokud se kůrka nezloupá a dýně není propečená.

81. Quinoa s kari pastou

Ingredience

- 2 polévkové lžíce stonku čerstvého koriandru.
- 2 malé hrstičky čerstvých lístků koriandru.
- 6 stroužků česneku.
- 1 polévková lžíce práškového koriandru.
- 1/2 lžičky mletého kmínu.
- 1-palcový kousek zázvoru (bez slupky).
- Šťáva z 1 limetky.
- 1 stonek citronové trávy
- 1/2 šálku šalotky nebo bílé cibule.
- 1 lžička chilli vloček.
- Mořská sůl.
- zelené kari

Pokyny:

a) Začněte tím, že připravíte kari pastu tak, že vše zamícháte do mlýnku na jídlo, dokud se dobře nerozmixuje a nerozemele na pastu.

b) Nyní ke kari – na středním/vysokém ohni rozehřejte kokosový olej a cibuli po dobu 5 minut. Přidejte všechnu zeleninu, kokosový cukr, kari pastu a 1/4 hrnku vody a nechte pod pokličkou dusit asi 10 minut.

c) Postupně přidávejte další vodu, aby se zelenina nepřipálila. Jakmile se zelenina uvaří, přidejte kokosové mléko a 1 šálek vody a vařte dalších 10 minut, dokud nebude zelenina zcela uvařená. Vmíchejte čerstvou limetkovou šťávu, další lístky koriandru a nakonec hnědou rýži nebo quinou!

82. Pečená slanina z uzené mrkve

Ingredience:

- 3 velké mrkve.
- 2 polévkové lžíce řepkového oleje.
- 1 lžička česnekového prášku.
- 1 lžička uzené papriky.
- 1 lžička soli.

Pokyny:

a) Mrkev omyjte (nemusíte ji loupat) a nakrájejte podélně pomocí mandolíny. Proužky mrkve položte na plech vyložený pečicím papírem. Předehřejte troubu na 320° F. V malé misce smíchejte zbývající komponenty a poté namažte proužky mrkve z obou stran.

b) Dáme do trouby na 15 minut, nebo když se proužky mrkve zvlní.

83. Losos na špagetové dýni

Ingredience

- ½ lžičky prášku z pěti koření
- 1 lžička strouhané pomerančové kůry
- ½ lžičky cukru
- ¼ lžičky košer soli
- ½ lžičky čerstvě mletého černého pepře
- Dva 6-uncové filety z lososa
- 2 lžičky dijonské hořčice
- 1 lžíce arašídového oleje
- 2 šálky pečené špagetové dýně
- 2 lžíce mletého čerstvého koriandru

a) V malé misce smíchejte prášek z pěti koření s pomerančovou kůrou, cukrem, solí a pepřem. Vetřete do obou stran filety na voskovém papíře. Natřete hořčici na filety.

b) Rozpalte velkou pánev na středně vysokou teplotu a poté dno potřete olejem. Filety opékejte na pánvi, otočte pouze jednou, dokud nebudou křupavé a na povrchu hnědé, celkem 5 až 8 minut.

c) Mezitím rozdělte dýni mezi dva nahřáté talíře. Navrch dejte rybí filé a ozdobte koriandrem.

84. Pošírovaný losos na pórku

Ingredience

- 4 šálky (dvě 15½ uncové plechovky) kuřecího vývaru s nízkým obsahem sodíku

- 1 šálek vody

- 3 lžíce provensálských bylinek

- 1 střední pórek, nakrájený na čtvrtky a očištěný (viz poznámka)

- Dva 6-uncové filety z lososa

- 2 lžíce nesoleného másla ¼ šálku husté smetany

a) Ve velké pánvi s těsně přiléhajícím víkem smíchejte kuřecí vývar, vodu a provensálské bylinky. Přiveďte k varu na vysokou teplotu, přikryjte a poté snižte teplotu na středně nízkou. Přidejte pórek a vařte 7 až 10 minut.

b) Filety lososa položte na pórek, kůží dolů, přikryjte a vařte 4 až 5 minut, nebo dokud losos není neprůhledný. Pomocí děrované lžíce nebo kleští vyjměte lososa a pórek na teplý talíř a přikryjte. Do pánve přidejte máslo a smetanu a vařte 5 minut a redukujte omáčku.

c) Omáčku rozdělte mezi dva polévkové talíře. Navrch dejte pórek, pak losos. Ihned podávejte.

85. Grilovaný mečoun se salsou

Ingredience

- Dva 6-uncové steaky z mečouna bez kostí a kůže, ¾ palce silné
- 1 lžíce olivového oleje
- 2 hrnky nastrouhaného ledového salátu
- 1 šálek nakrájených ředkviček
- 1 Hass avokádo
- 2 lžíce nejkvalitnější salsy nadupané trochou čerstvého koriandru
- Strouhaná kůra a šťáva z 1 limetky

a) Předehřejte plynový gril, gril na dřevěné uhlí nebo elektrický gril. Rybu potřete z obou stran olivovým olejem. Rybu grilujte, po zhnědnutí na dně jednou otočte (asi 2 minuty), poté dokončete na druhé straně a vařte, dokud nebude ryba uprostřed průsvitná (ještě 2 až 3 minuty).

b) Mezitím si udělejte záhon ze salátu, ředkviček a avokáda na dvou nahřátých talířích. Uvařenou rybu přendejte na talíře a na každý steak dejte velkou porci salsy. Vše vymačkáme šťávou z limetky a posypeme kůrou.

86. Steaky z tuňáka s majonézou

Ingredience

- 2 lžičky majonézy
- 2 lžíce mletého čerstvého nebo 2 lžičky sušeného estragonu plus snítky estragonu na ozdobu
- Dva 6-uncové steaky z tuňáka, 1 palec tlusté
- Sůl a drcený pepř podle chuti
- 1 lžička olivového oleje
- Squash Winter Squash

a) V malé misce smíchejte majonézu a estragon. Přikryjte a dejte stranou. Rozpalte těžkou pánev nebo hřebenovou grilovací pánev na středně vysokou teplotu. Tuňáka osušíme papírovými utěrkami, poté dochutíme solí a drceným pepřem.

b) Povrch ryby potřete olivovým olejem. Grilujte na pánvi asi 3 minuty z každé strany na střední stupeň. Přendejte na ohřáté talíře. Na každý steak dejte kopeček estragonové majonézy a ozdobte snítkami estragonu. Vedle tuňáka položte hromadu tykve.

87. Zmačkaná zimní squash

Ingredience

- Jedna ½ kila zimní dýně (butternut, hubbard)
- 2 lžíce nesoleného másla
- Sůl a čerstvě mletý černý pepř podle chuti

a) Povrch dýně na několika místech propíchejte vidličkou. Vložte ji do mikrovlnné trouby a vařte na nejvyšší stupeň, dokud nebude měkká, asi 8 minut.

88. Napíchané mušle prosciutto

Ingredience

- 2 unce na tenké plátky nakrájené prosciutto
- 12 velkých lístků čerstvé bazalky
- 12 uncí velké mořské mušle

KRÉMOVÝ ŠPENÁT

- 1 lžíce olivového oleje
- 12 uncí čerstvého baby špenátu
- 2 lžíce smetany
- Sůl podle chuti
- ½ lžičky čerstvě mletého černého pepře
- Špetka čerstvě nastrouhaného muškátového oříšku

a) 12 malých dřevěných špejlí namočte alespoň na 20 minut do vody. Na pracovní plochu položte plátek prosciutta a na jeden konec položte lístek bazalky. Navrch dejte hřebenatku. Omotejte prosciutto kolem hřebenatky a bazalky a zastrčte po stranách. Postup opakujte a vytvořte 12 balíčků. Navlékněte na namočené špejle, zakryjte a dejte stranou. Rozpalte gril nebo velkou pánev.

b) Pakety grilujte na středním ohni na dřevěném uhlí nebo na pánvi potřené trochou olivového oleje, dokud pršut nezačne prskat. Jednou otočte a pokračujte ve vaření, celkem ne déle než 5 minut.

c) Mezitím na velké pánvi orestujte špenát s trochou oleje, dokud nezvadne. Přidejte smetanu, dochuťte solí, pepřem a trochou muškátového oříšku. Chcete-li podávat, udělejte lůžko ze smetanového špenátu na každém ze dvou ohřátých talířů. Sejměte balíček s mušlemi ze špejlí a položte je na špenát.

89. Seitan a černé fazole

Na omáčku:

- 400 g plechovky černých fazolí, scezené potrubí a umyté.
- 75 g tmavě hnědého měkkého cukru.
- 3 stroužky česneku.
- 2 polévkové lžíce sójové omáčky.
- 1 čajová lžička čínského prášku z pěti koření.
- 2 lžíce rýžového octa.
- 1 polévková lžíce hladkého arašídového másla.
- 1 červená chilli paprička, nakrájená nadrobno.

Na smaženici:

- 350 g zavařovacích marinád na kousky seitanu.
- 1 polévková lžíce kukuřičné mouky.
- 2-3 polévkové lžíce rostlinného oleje.
- 1 červená paprika, nakrájená.
- 300 g pak choi, nakrájené na plátky.
- 2 jarní cibulky, nakrájené na plátky.
- Připravené rýžové nudle nebo rýže k podávání.

Pokyny:

a) Začněte přípravou omáčky, vložte polovinu fazolí do misky mlýnku se zbytkem aktivních ingrediencí a přidejte 50 ml vody. Okoříme a poté rozmixujeme do hladka. Vložte do pánve a opatrně zahřívejte asi 5 minut nebo až do lesklého a hustého.

b) Vypusťte seitan z potrubí a osušte papírem na vaření. Kousky seitanu vhoďte do mísy s kukuřičnou moukou a odložte. Zahřejte wok na vysokou teplotu, přidejte trochu oleje a poté seitan – možná budete potřebovat dělat to v dávkách. Za stálého míchání opékejte asi 5 minut do zlatohněda na okrajích. Odstraňte seitan z woku pomocí děrované lžíce a dejte stranou na talíř.

c) Pokud je wok v této fázi suchý, přidejte 1 lžičku rostlinného oleje. Připravte 3–4 minuty, poté vraťte seitan do pánve, vmíchejte omáčku a přiveďte k varu 1 minutu.

90. Obaly na kari tofu

Ingredience:

- 1/2 červeného zelí, nakrájené.
- 4 naložené polévkové lžíce bezmléčného jogurtu
- 3 polévkové lžíce mátové omáčky.
- 3 x 200 g balení tofu, každé nakrájené na 15 kostek.
- 2 polévkové lžíce tandoori kari pasty.
- 2 polévkové lžíce oleje.
- 2 cibule, nakrájené na plátky.
- 2 velké stroužky česneku, nakrájené na plátky.
- 8 čapátí.
- 2 limetky, nakrájené na čtvrtky.

Pokyny:

a) Smíchejte zelí, jogurt a mátovou omáčku, okořeňte a odložte. Tofu promíchejte s tandoori pastou a 1 lžící oleje. Rozpálíme pánev a opečeme tofu po dávkách několik minut z každé strany dozlatova. Vyjměte z pánve děrovanou lžící a.

b) Do pánve přidejte zbývající olej, vmíchejte cibuli a česnek a opékejte 8–10 minut do změknutí. Vraťte tofu do pánve a dobře okořeňte.

c) Ohřejte čapátky podle návodu na balení, pak každého dejte s trochou zelí, následovaným kari tofu a velkou šťávou z limetky.

91. Thajský salát s tempehem

Salát:

- 6 uncí vermicelli nudlí
- 2 střední celé mrkve, „vykostěné" škrabkou na zeleninu nebo spiralizérem.
- 2 stonky zelené cibule
- 1/4 šálku nakrájeného koriandru.
- 2-3 polévkové lžíce nakrájené máty.
- 1 šálek volně baleného špenátu
- 1 šálek velmi jemně nakrájeného červeného zelí.
- 1 střední červená paprika.
- 1 várka marinovaného arašídového tempehu.

Obvaz:

- 1/3 šálku slaného sametového arašídového másla, mandlového másla nebo slunečního másla.
- 3 polévkové lžíce bezlepkového tamari.
- 3 polévkové lžíce javorového sirupu.
- 1 lžička chilli česnekové omáčky
- 1 střední limetka, odšťavněná (výtěžky - 3 polévkové lžíce nebo 45 ml).

- 1/4 šálku vody (na zředění).

Pokyny:

a) Uvařte rýžové nudle podle pokynů na obalu, propláchněte, sceďte a nechte vychladnout.

b) Do velké servírovací mísy přidejte uvařené a vychladlé nudle, mrkev, zelenou cibulku, koriandr, mátu, špenát, zelí a červenou papriku a volně promíchejte, aby se spojily. Rezervovat.

c) Udělejte dresink.

d) Do salátu přidejte 1/2 tempehu (volitelně) a 1/2 omáčky a promíchejte. Začněte se zbývajícím tempehem a omáčkou. Ihned podávejte.

92. Puffed quinoa bar

Ingredience:

- 3 lžíce kokosového oleje.
- 1/2 šálku surového kakaového prášku.
- 1/3 šálku javorového sirupu.
- 1 polévková lžíce tahini
- 1 lžička skořice.
- 1 lžička vanilkového prášku.
- Mořská sůl.

Pokyny:

a) V malé pánvi na středně mírném ohni rozpustíme kokosový olej, syrové kakao, tahini, skořici, javorové moře, sirup a vanilkovou sůl, až vznikne hustší čokoládová směs.

b) Čokoládovou polevu nalijte na popukanou quinou a dobře promíchejte. Naberte velkou lžíci čokoládových křupavek do malých zapékacích košíčků.

c) Dejte je do mrazáku minimálně na 20 minut, aby ztuhly. Uložte do mrazáku a užívejte si!

93. Chocolate kusové sušenky

Ingredience:

- 2 hrnky univerzální bezlepkové mouky.
- 1 lžička jedlé sody.
- 1 lžička mořské soli.
- 1/4 šálku veganského jogurtu.
- 7 lžic veganského másla.
- 3 lžíce kešu másla
- 1 1/4 šálku kokosového cukru.
- 2 chia vejce.
- Hořká čokoláda, vyloupit porce.

Pokyny:

a) Předehřejte troubu na 375 ° F

b) Ve středně velké míse smíchejte bezlepkovou mouku, sůl a jedlou sodu. Dejte stranou, zatímco budete rozpouštět máslo.

c) Do mísy vložte máslo, jogurt, kešu máslo, kokosový cukr a pomocí mixovacího stojanu nebo ručního mixéru několik minut mixujte, dokud se nespojí.

d) Přidejte chia vejce a dobře promíchejte.

e) Přidejte mouku do směsi chia vajec a mixujte na nízké úrovni, dokud se nespojí.

f) Vmíchejte kousky čokolády.

g) Těsto dejte na 30 minut ztuhnout do lednice.

h) Těsto vyndejte z lednice a nechte asi 10 minut ohřát na pokojovou teplotu a vyložte plech pečícím papírem.

i) Rukama naberte 1 1/2 polévkové lžíce těsta na sušenky na pečící papír. Mezi jednotlivými sušenkami nechte malý prostor.

j) Sušenky pečte 9–11 minut. Potěšte se!

94. Spekelný edamame dip

Ingredience:

- 1/2 šálku nakrájené červené cibule.
- Šťáva z 1 limetky.
- Mořská sůl.
- Hrst koriandru.
- Nakrájená rajčata (volitelné).
- Chilli vločky.

Pokyny:

a) Stačí cibuli pár sekund rozpulit v mixéru. Poté přidejte zbytek účinných látek a pulzujte, dokud se edamame nerozmixuje na velké porce.

b) Udělejte si radost jako pomazánka na toastu, na sendvič, jako dip nebo jako pesto omáčka!

95. Mkešu kelímky atcha

Ingredience:

- 2/3 šálku kakaového másla.
- 3/4 šálku kakaového prášku.
- 1/3 šálku javorového sirupu.
- 1/2 hrnku kešu másla, nebo jiného, co chcete.
- 2 lžičky matcha prášku.
- Mořská sůl.

Pokyny:

a) Naplňte malou pánev 1/3 šálku vody a umístěte na ni misku, která zakryje pánev. Jakmile je mísa horká a voda pod ní se vaří, rozpusťte uvnitř mísy kakaové máslo, zapněte teplo a. Jakmile se rozpustí, stáhněte z ohně a několik minut vmíchejte javorový sirup a kakao, dokud čokoláda nezhoustne.

b) Pomocí středně velkého držáku na košíčky naplňte spodní vrstvu štědrou lžící čokoládové směsi. Dejte je na 15 minut do mrazáku, aby ztuhly.

c) Vyndejte zmrzlou čokoládu z mrazáku a na vrstvu zmrzlé čokolády nasypte 1 polévkovou lžíci těsta z matcha/kešu másla. Posypeme mořskou solí a necháme 15 minut odležet v mrazáku.

96. Cčokoládové plátky hůrky

Ingredience:

- 400 g konzervy cizrny, propláchnuté, okapané.
- 250 g mandlového másla.
- 70 ml javorového sirupu.
- 15 ml vanilkové pasty.
- 1 špetka soli.
- 2 g prášku do pečiva.
- 2 g jedlé sody.
- 40 g veganských čokoládových lupínků.

Pokyny:

a) Předehřejte troubu na 180°C/350°F.

b) Velký pekáč vymažte kokosovým olejem.

c) Smíchejte cizrnu, mandlové máslo, javorový sirup, vanilku, sůl, prášek do pečiva a jedlou sodu v mixéru.

d) Rozmixujte do hladka. Vmícháme polovinu čokoládových lupínků a těsto rozetřeme do připraveného pekáče.

e) Posypeme odloženými čokoládovými lupínky.

f) Pečte 45–50 minut, nebo dokud nevyjde zapíchnuté párátko čisté.

97. Ssladké zelené sušenky

Ingredience:

- 165 g zeleného hrášku.
- 80 g nasekaných datlí medjool.
- 60 g hedvábného tofu, rozmačkaného.
- 100 g mandlové mouky.
- 1 lžička prášku do pečiva.
- 12 mandlí.

Pokyny:

a) Předehřejte troubu na 180°C/350°F.

b) Smíchejte hrášek a datle v kuchyňském robotu.

c) Zpracovávejte, dokud nevznikne hustá pasta.

d) Hráškovou směs přendejte do misky. Vmícháme tofu, mandlovou mouku a prášek do pečiva. Ze směsi vytvarujte 12 kuliček.

e) Kuličky vyskládejte na plech vyložený pečicím papírem. Každou kuličku zploštíme naolejovanou dlaní.

f) Do každé sušenky vložte mandli. Sušenky pečte 25–30 minut nebo dozlatova.

g) Před podáváním vychlaďte na mřížce.

98. Banana tyčinky

Ingredience:

- 130 g hladkého arašídového másla.
- 60 ml javorového sirupu.
- 1 banán, rozmačkaný.
- 45 ml vody.
- 15 g mletých lněných semínek.
- 95 g vařené quinoa.
- 25 g chia semínek.
- 5 ml vanilky.
- 90 g rychle uvařených ovesných vloček.
- 55 g celozrnné mouky.
- 5 g prášku do pečiva.
- 5 g skořice.
- 1 špetka soli.
- Poleva:
- 5 ml rozpuštěného kokosového oleje.
- 30 g veganské čokolády, nasekané.

Pokyny:

a) Předehřejte troubu na 180°C/350°F.

b) Pekáč o průměru 16 cm vyložte pečicím papírem.

c) Smíchejte lněná semínka a vodu v malé misce. Odložte na 10 minut.

d) V samostatné misce smíchejte arašídové máslo, javorový sirup a banán. Vmícháme směs lněných semínek.

e) Jakmile budete mít hladkou směs, vmíchejte quinou, chia semínka, vanilkový extrakt, oves, celozrnnou mouku, prášek do pečiva, skořici a sůl.

f) Těsto nalijeme do připraveného pekáčku. Nakrájejte na 8 tyčinek.

g) Tyčinky pečte 30 minut.

h) Mezitím si připravte zálivku; smíchejte čokoládu a kokosový olej v žáruvzdorné misce. Dejte nad vroucí vodou, dokud se nerozpustí.

i) Vyjměte tyčinky z trouby. Umístěte na mřížku na 15 minut vychladnout. Tyčinky vyjmeme z pekáče a pokapeme čokoládovou polevou. Sloužit.

99. Proteinové koblihy

Ingredience:

- 85 g kokosové mouky.
- 110 g naklíčeného proteinového prášku z hnědé rýže s příchutí vanilky.
- 25 g mandlové mouky.
- 50 g javorového cukru.
- 30 ml rozpuštěného kokosového oleje.
- 8 g prášku do pečiva.
- 115 ml sójového mléka.
- 1/2 lžičky jablečného octa.
- 1/2 lžičky vanilkové pasty.
- 1/2 lžičky skořice.
- 30 ml bio jablečného pyré.
- Další:
- 30 g moučkového kokosového cukru.
- 10 g skořice.

Pokyny:

a) V misce smícháme všechny suché ingredience.

b) V samostatné misce prošlehejte mléko s jablečnou omáčkou, kokosovým olejem a jablečným octem.

c) Vlhké ingredience přeložte do sucha a míchejte, dokud se důkladně nesmíchají.

d) Zahřejte troubu na 180 °C/350 °F a vymažte 10-ti otvorovou formu na koblihy.

e) Připravené těsto nalijeme do vymazané formy na koblihy.

f) Donuty pečte 15-20 minut.

g) Ještě teplé donuty posypeme kokosovým cukrem a skořicí. Podávejte teplé.

100. Hjedno-sezamové tofu

Ingredience:

- 12 uncí extra tuhého tofu, scezeného a osušeného.
- Olej nebo sprej na vaření.
- 2 lžíce sojové omáčky se sníženým obsahem sodíku nebo tamari.
- 3 stroužky česneku, nasekané.
- 1 polévková lžíce medu.
- 1 polévková lžíce strouhaného oloupaného čerstvého zázvoru.
- 1 lžička praženého sezamového oleje.
- 1 libra zelených fazolí, nakrájených.
- 2 polévkové lžíce olivového oleje.
- 1/4 lžičky vloček červené papriky (volitelně).
- Kóšer sůl.
- Čerstvě mletý černý pepř.
- 1 střední jarní cibulka, velmi jemně nakrájená.
- 1/4 lžičky sezamových semínek.

Pokyny:

a) Odložte na 10 až 30 minut. Sojovou omáčku nebo tamari, česnek, med, zázvor a sezamový olej prošlehejte ve velké míse; dát stranou.

b) Tofu nakrájíme na trojúhelníky a položíme v jedné vrstvě na polovinu připraveného plechu. Zalijte směsí sójové omáčky. Pečte dozlatova zespodu 12 až 13 minut.

c) Otočte tofu. Zelené fazolky položte v jedné vrstvě na druhou polovinu plechu. Pokapejte olivovým olejem a postříkejte vločkami červené papriky; dochutíme solí a pepřem.

d) Vraťte do trouby a pečte, dokud není tofu z druhé strany zlatavě hnědé, dalších 10 až 12 minut. Posypeme jarní cibulkou a sezamovými semínky a ihned podáváme.

ZÁVĚR

Existuje mnoho věcí, které mohou přispět k vašemu úspěchu, ale hlavní věcí jste vy! Nenechte se odradit od ostatních, kulturistika na veganské stravě může často vyvolat negativní poznámky od ostatních. Rozhodl se to ignorovat a dokázat jim, že se mýlí.

Dokud dodržujete dietní plán, který se skládá z dostatku bílkovin, sacharidů, tuků, ovoce a zeleniny a postupujete při cvičení rovnoměrným tempem, není důvod, proč byste měli selhat. Jen je potřeba mít motivaci a držet se toho. Jakmile použijete všechny znalosti a techniky, které jste se naučili z této příručky, plus svůj vlastní výzkum, nic vám v tom nebrání – tak hurá do toho a hodně štěstí!